JN270661

ますます差がつく

直感人vs.計算人

You Can Have a Lead by Intuition

即断して成功する50の方法

AKIHIRO NAKATANI
中谷彰宏

ぜんにち

失敗したら
笑って
うなずこう

中谷彰宏

あきひろ

まえがき

学校優等生の計算人は、直感人にかなわない。

人間は、2とおりに分けられます。

① **計算人**

② **直感人**

学校での優等生は、計算人です。

学校では、計算をいかに速く正確にするかを教えます。

でも、計算をいくら詰めても、直感を磨くことはできません。

直感を磨くには、直感を磨くトレーニングが必要になります。

こういうトレーニングは、学校ではあまりやりません。

世の中に出てから必要なのは、計算力ではなく、直感力です。

計算だけをやっている人は、直感のある人にはかないません。

学校では教えてくれない直感の鍛え方を、いかに身につけていくかが、今求められているのです。

直感を磨くために

1

直感で、計算を逆転しよう。

直感人になる50の方法

1 直感で、計算を逆転しよう。
2 人を、顔で覚えよう。
3 正解以外の正解を見つけよう。
4 地味な仕事にほど、アイデアを出そう。
5 不得意なことにも、チャレンジしよう。
6 失敗しながら、自信をつけよう。
7 苦労スクールで、人間を勉強しよう。
8 自分にしかわからない成功の基準を持とう。
9 ムダを省かないように、しよう。
10 予測できないことを、楽しもう。

11 出会いを最初から求めないで、一生懸命やろう。
12 常に、未成熟でいよう。
13 音を消して、早送りでTVを見よう。
14 企画書より、試作品をつくろう。
15 楽しいことを考えることで、スピードを上げよう。
16 運のある人に、しがみつこう。
17 激戦区に、あえて乗り込もう。
18 ケンカして、負けよう。
19 考えずにする「習慣」を身につけよう。
20 「悩むヒマ」を省こう。

21 自分を追い込むことで、能力のカケラを見つけよう。

22 「プレイ」と考えることで、仕事もSMも快感になろう。

23 「売れる」より「芸術である」ことを目指そう。

24 トップと争おう。

25 わからないものこそ、やってみよう。

26 同世代と刺激し合おう。

27 未来の「すごい人」と競おう。

28 「何年入社」発想から抜け出そう。

29 仲間を、先に成功させよう。

30 小銭のお釣りを、わかりやすく渡そう。

31 声をかける前に、空気を読もう。

32 気持ちに、お金を払おう。

33 まず自分が楽しもう。

34 レベルを上げることで、目を肥《こ》やそう。

35 ケータイを、味方にしよう。

36 「いつの情報か」を大切にしよう。

37 情報を行動に変えよう。

38 自分のサロンで、お客様どうしを交流させよう。

39 仲間を、先に成功させよう。

40 飽きるより、ハマろう。

41 マニアに、なろう。

42 受け手から、学ぼう。

43 予算アップより、自由裁量を求めよう。

44 玉石混交《ぎょくせきこんこう》を、楽しもう。

45 小さくなる市場で、勝とう。

46 メッセージを想像と説明の2とおりで伝えよう。

47 お客様を、企画に参加させる。

48 お金を出してでもほしい商品を、つくろう。

49 テクノロジーよりも、人間の心の領域で、勝負しよう。

50 信じることで、意味を感じよう。

もくじ

第2章 すぐできる「直感」トレーニング。

第3章 「潮流」をつくる直感人、足を引っ張り合う計算人。

第4章　直感人が、ビジネスを変えていく。

本文組版／㈲ガレージ

第1章

完璧主義の計算人、「ムダ」を楽しむ直感人。

計算人は、肩書で覚える。直感人は、顔で覚える。

成功する人は、まず人の顔をよく覚えます。

計算人と直感人とでは、人の覚え方に違いがあります。
計算人は、得意先の会社の「課長」「部長」という肩書で人を覚えます。
肩書で覚えるので、名前と顔が一致しません。
直感人は、人を顔で覚えます。
まず顔から覚えて、名前を覚え、その人のキャラクターを覚えていくのです。
計算人は、名刺を覚えています。
ただし、名刺の真ん中に書いてある名前を覚えているのではありません。
端《はし》っこに書いてある会社名、組織でのポストを覚えているのです。
人間の顔は、覚えようという意識がないと覚えられないものです。
人の顔を映像で覚えていれば、「この人はどこかで会ったことがある」とわかります。

名刺で覚えていると、何回会っても、その人のことを思い出すことができなくなります。

成功するには、一度会った人を忘れないことです。

人間は、自分を覚えていてくれることが一番うれしいのです。

前に一度会ったことのある人に「初めまして」と名刺を出す場合と、「前に××でお会いしましたね」と言う場合とでは、その人とのつながりは変わってきます。

これがチャンスになっていくのです。

「出会いがない」と言う人は、出会った人の顔を覚えていないのです。

計算人は、名刺の肩書を覚えてから名前をつなげていますから、全然別の場所で会った時に挨拶ができません。

ここでチャンスの開きが出てくるのです。

直感を磨くために

2 人を、顔で覚えよう。

計算人は、正解を覚える。直感人は、別の正解を探す。

計算人と直感人とでは「アイデアの出し方」にも違いがあります。

計算人は、問題の正解を出したら、その正解を記憶します。

学校の先生が、算数の問題で「これは正しい解き方です」と教えたら、計算人はそれを丸暗記するのです。

計算人は、とてもまじめな人です。

まじめなゆえに、言われたとおりのことができるのです。

そこからの自由度がありません。

計算人は、面倒くさい計算をいとわずに、コツコツ計算していきます。

直感人は、先生が正しい解き方を教えたら、もっとラクな解き方はないか、と考えます。

ヘンな解き方・面白い解き方はないか一生懸命考えます。

直感を磨くために

3 正解以外の正解を見つけよう。

直感人は、ひねくれ者なのです。

直感人は、計算が面倒くさいので、ほかのやり方はないかと考えていくのです。

計算人は、数式を使って正解を導き出そうとします。

直感人は、グラフや図で解けないか、別のアプローチを考えるのです。

こういうことをする人は、学校では点数が悪いです。

学校は、別の解き方をすることを評価しない仕組みになっているからです。

こういうところから新しいものは生み出されません。

数学者は、計算の得意な人がなるわけではないのです。

別の解き方を考えるようなひねくれ者が、数学者になっていくのです。

計算人は、企画でアイデアを出す。直感人は、事務的な仕事に、アイデアを加える。

計算人は、アイデアを考えます。
直感人も、アイデアを考えます。
でも、直感人は「アイデアを考えるポイント」が違います。
計算人は、「新しい企画を考えなさい」と言われてアイデアを考えます。
「企画を考えなさい」と言われなければ、アイデアは考えないのです。
ブレーンストーミングの場所ではアイデアを出せます。
でも、「コピーを取って来なさい」と言われたら、アイデアを考えないのです。
まじめな計算人は、お茶くみ、コピー取りはつまらないと考えています。
直感人は、事務的な作業中にもアイデアを考える余裕を持っています。
お茶くみ・コピー取り・電話番という事務的な作業を、もっと面白くするにはどうしたらいいかを考えます。

面白い仕事を楽しむだけではないのです。

面白くない仕事を面白くするのが、直感人の発想の仕方です。

直感人は、「面白い」「面白くない」と、言いません。

面白くすることが、直感人の「演出」になっているのです。

アイデアを考える場所でアイデアを出すのが本当のアイデアマンではありません。

アイデアなど要らないと思われがちなところでアイデアを出していける人が、本当のアイデアマンなのです。

直感を磨くために

4

地味な仕事にほど、アイデアを出そう。

計算人は、得意なことだけする。直感人は、得意でないこともして、得意分野を広げる。

今、「好きなことだけやろう」という時代になっています。

この解釈を間違えて「得意なことだけしよう」としている人がたくさんいます。

好きなことと得意なことは、必ずしも一致しません。

得意なことだけをやっていても、好きなこととズレていることがあります。

人生を振り返ってみた時、得意だけど本当は好きなことではなかった、好きなことは別にあったということになるのです。

たまたま今得意なだけで、決して好きではないこともあります。

得意な人に得意なことをやらせるのは、昔のやり方です。

「君、大学で何をやっていたの？　法学部？　だったら法務室へ行って」と言われるのはつまらないです。

英語のできる人が英語を使う部署にまわされるのも、つまらない。

得意なことと好きなこととは関係ないのです。

英語を生かした仕事をやりたいと言う人は、英語が好きでも、英語ができないことが多いのです。

帰国子女で英語のできる人が、英語を使う仕事をやりたいと思っているとは限りません。

好きであっても得意でないことだけしていては、儲かりません。

得意なことを頼まれるのは、人間、イヤな気持ちはしません。

不得意なことを頼まれるのは面倒くさいです。

でも、得意でないものを喜んで受け入れられるかどうかが、直感人と計算人の分かれ目になるのです。

直感人は、得意ではないものでも、「やったことがないし、うまくないけど、いいですか?」と言いながらもやってしまいます。

スキルが伴わないもので、儲かるようにしていくのです。

そうすることで、できる幅がどんどん広がるのです。

得意なものは、簡単にできます。

その分、柔軟性がなくなるのです。

得意なものの幅が狭くなると、可能性は広がりません。

採用面接の時に、「自分の可能性にチャレンジしたい」と言う人の「やりたいと思っていること」は、得意なことです。

言っていることが矛盾しているのです。

可能性を広げたいなら、得意ではないことをやってみることです。

ボウリングでは、オイルのコンディションによって得意なレーンと不得意なレーンがあります。

得意なレーン（球を転がす床）の時は打てるのに、得意でないレーンの時は点数が出ないという人は、不得意なところを普段から練習していないのです。

点数が出ないレーンに当たっても、いい練習の機会になったと思える人は、幅が広がっていきます。

好きなことだけをやろうとすると、可能性を狭めることになります。

人から頼まれる仕事は、ほとんどが得意ではないことです。

得意なものを頼まれるようになったら、おしまいです。

ちょっと成功した人は、何かで成功すると、その仕事を次から次へと頼まれます。

特に俳優さんは、あるキャラクターで成功すると、同じキャラクターの仕事ばかり来ます。

これでは、その人の幅が狭まって、寿命が縮まります。

バラエティーで天然のキャラで売る女性アイドルも、地のキャラばかりやっていると、女優にはなれません。

前に成功したキャラとは違うものにチャレンジして、うまくいかなくてもいいのです。

失敗しても経験しておくことが、あなたの可能性を広げていくことになるのです。

直感を磨くために

5

不得意なことにも、チャレンジしよう。

計算人は、成功で自信をつけ、直感人は、失敗で自信をつける。

自信のつけ方で、直感人と計算人は分かれます。

計算人は、成功することで自信をつけていきます。

だから、得意なことをするのです。

得意なことをすれば、先生にほめられます。

ほめられるとうれしいので、また得意なことをやろうとします。

こうして得意分野を狭めていくのです。

先生・上司・親・まわりの人にほめられるようなことばかりしていると、新しい価値を創造することができません。

新しいものを創造した時に、ほめられるとは限らないのです。

まわりの人の理解を得られずに、「なんだ、これ」と思われます。

後に偉大な芸術家になる人は、コンテストで落ち続けているのです。

コンテストは、過去の価値観の集大成です。

新しいモノがありません。

新しいモノをつくっても、コンテストの審査員に理解できないのです。

そんなコンテストに通るわけはないのです。

まして最優秀賞を取れるわけがありません。

審査員を乗り越えているものは、審査員には理解できません。

だから落選するのです。

ほめられることを基準にする計算人は、先生を超えることができません。

成功だけを自信の材料にしていると、前の成功者を乗り越えることができなくなります。

本当の成功は、前の成功者と同じ成功をしていくことではないのです。

前の成功者を乗り越えて、もっと大きな成功をしていくことです。

直感人は、失敗で自信をつけます。

失敗を経験していれば、再び同じことが来ても、失敗にビクビクすることはなくなります。

ジェットコースターも、おばけ屋敷も、何回も体験していると、だんだん慣れて来ます。

おばけが出る箇所もわかるし、おばけのディテールも、落ち着いて見ることができます。

ジェットコースターのすごいスピードも、乗っているうちにびっくりしなくなって、徐々に楽しめるようになります。

成功のためには、失敗に強くなることです。

世の中は、失敗に遭遇する場合のほうが多いのです。

失敗に遭遇しているうちに、失敗に対してのフォローの仕方もわかってきます。

新しいものをつくろうとすると、必ず失敗します。

失敗すると、ほめられません。

ほめられなくても、ニコニコやっていると、自分の中に価値観を持てるようになります。

「先生にほめられない」「別の解き方をして0点になる」「コンテストに落選する」……というような失敗をたくさん経験することによって、失敗に対する自信を磨き上げていくのです。
成功に対する自信は、要りません。
むしろ、失敗に対して自信を持ち、どれだけ胸を張っていられるかです。
成功したら、「よかったんだな」と思えばいいのです。
大切なのは、失敗した時に、首をかしげないことです。
「なるほどね、こうすればこうなるんだ」と、失敗の原因をつかむのです。
うまくいった時は、みんなうなずきます。
うまくいった時に、首をかしげる人はいません。
計算人は、失敗した時に首をかしげます。
直感人は、失敗した時に、うなずくのです。

直感を磨くために

6

失敗しながら、自信をつけよう。

成功するために二つから学ぶ。
①ビジネススクール
②苦労スクール

「ハーバードのビジネススクールを出ました」「有名ビジネススクール卒業です」と言う人でも、成功しないことがあります。

学歴キャリアは立派なのに成功しない人は、もう一つの学校のトレーニングを受けていないのです。

それは苦労という学校です。

苦労の中から何かを学び取ることが大切です。

苦労とは、別の言い方をすれば「失敗」です。

失敗という名の学校から学ぶことが必要なのです。

ビジネススクールだけでは、ビジネスは学べません。

失敗の体験がないからです。

もちろん、ビジネススクールでも失敗と成功のケーススタディをします。

でも、実体験としての苦労の経験が要るのです。

企画書上の数値的なこと、損益計算書、貸借対照表的な利益をあげていくことは、ビジネススクールで学べます。

ところが、人間関係のしがらみのようなものはビジネススクールでは学べません。

ビジネススクールで学べるのは「正しいこと」です。

間違っていることは、ビジネススクールでは学べないのです。

失敗という苦労の中から学んでいくしかないのです。

正しいことを実社会でやろうとすると、計算人は行き詰まります。

自分は正しいことをしているのに、なぜうまくいかないのだろう→おかしい→これは世の中がおかしい、という図式になってしまうのです。

一方、直感人は、正しいことをやれば軋轢《あつれき》が生まれることを知っています。

会社の中で正論を吐いたら、袋叩きに遭うことも知っています。

困る人が出てくることもわかっています。

困る人が出て、「悪い」と言ったら、正論を言う人は社会や組織では生きていけなくなります。

正しい人も正しくない人も、すべて丸くおさめて、幸せになっていけるように、融通を利かせていくのです。

計算人には、アバウトな部分がありません。

融通をきかせることができなくて、「ご立派」と言われてしまいます。

ご立派と言われる人が好かれないのは、「正しい・正しくない」の基準で人間とつき合うからです。

スタッフ同士やお客様とのつき合い方に融通のなさを押しつけます。

競争主義で、実力評価をする時、評価されない人がどういう気持ちになっていくかも考えないと、実力を評価されない人はどんどん落ち込んでしまいます。

計算人は、実力で評価されなかった人を「頑張らなかったからいけないのだ」と切り捨てます。

たしかに、頑張らなかった人もいます。

でも「頑張れなかった」人もいるのです。

その人たちを切り捨てず、ムッとさせず、ヘコまさず、一緒に盛り上げていくのが現実社会での仕事です。

そこの苦労をしていくのです。

計算上だけでは、決してうまくいきません。

人間の心のインプットが必要なのです。

人間の心を理解していくためには、失敗していくことです。

失敗した時に初めて人間の心の機微がわかるのです。

失敗している人・うまくいかない人・頑張ろうと思っているのに頑張れなかった人の気持ちがわかってくるのです。

直感を磨くために

7

苦労スクールで、人間を勉強しよう。

直感人は、周りとは違う成功の基準を持つ。

誰もが「成功したい」と願っています。

成功の基準が何かで、計算人と直感人は分かれます。

計算人の成功の基準は、ほめられるかどうかです。

実際にそれで儲かるか・偉くなれるか・会社を大きくすることができるかを基準に置いています。

誰が見てもわかる成功を基準に置くのが計算人です。

別な言い方をすれば、誰が見ても「あの人は失敗した」とわかります。

ところが、直感人の場合は、成功しているか失敗しているか、周りの人にはわかりません。

明らかに周りの人が見て、「あの人は失敗しているよね」と思うような状態でも、本人はニコニコしています。

自分なりに成功しているので、たとえ儲からなくても、偉くなれなくても、自分の成功の基準でニコニコできるのです。

計算人にとっては失敗でも、直感人にとっては成功ということが、たくさんあります。

計算人にとっては成功でも、直感人にとっては失敗のこともあるのです。

みんなが認めるような成功の数は少ないです。

偉くなれる人は少ないし、給料が高くなる人も少ないです。

思っているほど偉くもなれないし、給料も得られないと思ったら、１００人のうち99人は「失敗」と考えます。

これが計算人の基準です。

直感人の基準なら、１００人いたら１００人が成功できます。

成功の基準がみんな違うからです。

計算人は、ボウリングの試合で優勝できないことを失敗と考えます。

直感人は、苦手なレーンで練習できたことは、長い目で見てよかったと考えて、成功の実感が持てます。

ボウリングの試合に参加できたことが成功で、勝ち負けは関係ないのです。参加して楽しくできた、周りの人と友達になれた、顔は知っていたけど今まで話したことのない人に「一緒にできて楽しかったです」と声をかけられてうれしかった……。

何か一つ実感できただけで、もう成功なのです。

成功の基準を自分の中に持つことで、「楽しい」と言えるのです。

楽しいか楽しくないかは、本人にしかわからないことです。

計算人は、楽しいという感情を価値基準に置きません。

「何点取ったか」「いくら儲けたか」「どれだけ昇進したか」しかないのです。

これでは、あらゆる数字が小さくなるデフレの時代にはきついです。

年収は下がり、ポストも下がっていきます。

数字では幸せを得られない時代になっているのです。

インフレの時代は、数字が大きくなるので、幸せの基準も数字に置こうとします。

数字がどんどん増えていくと、別のところに基準を持つのはムリです。

数字が大きくなると、人間はどうしても数字を見てしまうのです。

直感を磨くために

8

自分にしかわからない成功の基準を持とう。

貯金が増えていくのがうれしいと、数字ばかり見て、使おうとしなくなります。

でも、デフレの時代に入ると数字が小さくなるので、数字で幸せを見つけようとしてはいけなかったことに気づきます。

貯金が減ってくると、貯金通帳を見ては暗くなります。

貯金型人生の計算人は、デフレの時代にますます暗くなります。

貯金通帳の数字ばかり見ているからです。

直感人は、デフレになればなるほどハッピーです。

あんな高級旅館がこんな値段で泊まれるということを喜びます。

「こんなに安いなんて、考えられないよ」と言いながら、使う側に立った時の金額を見るのです。

貯金通帳の金額が下がる代わりに、高級旅館の料金も下がっているのです。

直感人は、ムダをなくさない。

計算人は、完璧です。

ムダな部分を極力排除した完成形になっています。

直感人は、ムダな部分が多いです。

ムダな部分を残しながら、そのムダをなくさないのです。

計算人は効率で考えます。

効率的にやろうとすればするほど、ムダをいかに排除するかという方向に進んでいきます。

これが計算人のつまらなさです。

ムダを極力排除することによって、効率主義に陥《おちい》ってしまうのです。

直感人は、ムダな部分がたくさんあります。

ムダな部分が、直感人の個性になっています。

「もっとこうすればいいのに」「なぜあの人はあんなにまわり道をしているのかな」と不思議になります。

そのまわり道が、直感人の遊びであり、楽しみになっているのです。

ムダをなくしていくと、究極、人間の存在も要らないことになってしまいます。

人間がなくなるということは、そのものに心が存在しないことを意味します。

差別化できなくなるのです。

これからの時代、差別化できるのは、モノや商品、システムではありません。

人間でしか差別化できなくなっていくのです。

どんなにすばらしいシステムをつくっても、すぐにマネされます。

でも、人間の個性だけは、乗り越えることができません。

緑を超えた赤は存在しません。

緑は、赤が出てきても存在するのです。

ＬＳＩ（集積回路の一種）が出た時は、とても画期的でした。

ところが、超ＬＳＩが出た時点で、ＬＳＩはもう古いということになりました。

あえて残しておいたムダな部分が、その人の個性になっていくのです。

ムダな部分を切りつめていくと、すべてのものは同じになっていきます。
ビジネスでも、大手資本が乗り出してくると、負けてしまいます。
でも、夫婦でやっている洋食屋さんの味は、大手資本にはマネできません。
ムダで効率の悪いことはたくさんあります。
その効率の悪さが、店のキャラクターになっているのです。
別の人がやったら、そのご夫婦でやっている料理の味ではなくなります。
お店の雰囲気も違ってきます。
小さくして、ムダな部分で味を出していくのが、直感人のやり方です。
計算人は、効率を追求し、できるだけムダな部分を排除して大きくしていきます。
どこにあるモノもまったく同じになってしまうのです。
１００円ショップは、商品が探しにくいです。
これは、今までの効率主義の計算人には発想できないショップの形です。
几帳面な人にはつらい職場です。
直感人は、１００円ショップの陳列形態のムダさにドキドキします。

探しにくい陳列になっているところが楽しめるのです。

すぐ探せる陳列では、面白味に欠けます。

探しにくいのに、よく探すと見つかる「宝島」が面白いのです。

探せない宝島は、楽しくありません。

栗《くり》があるかどうかわからない栗拾いには、誰も行きません。

芝生の真ん中に栗がポコンと落ちていれば、効率はいいです。

でも、いくら効率はよくても、それは栗拾いの楽しみでもなんでもありません。

栗が落ちていそうなところで、見えにくいけれども、よく探すと栗が落ちている時に、「やった」と思えるのです。

松の樹の下に栗が落ちているのはおかしいです。

計算人は、お客様を喜ばそうとして、見つけやすいところに置きます。

それがサービスだと思っています。

見つけやすいところに置いても、楽しくありません。

計算人は、松の下に栗が落ちていたら、栗が見つかったことを喜びます。

直感人は、栗は栗の樹の下に落ちていそうなものなのに、意外なところにも落ちていたことを、栗拾いの醍醐《だいご》味として味わいます。
成功に対する考え方の違いが、こういうところに出るのです。

直感を磨くために

9

ムダを省かないように、しよう。

直感の求められるゲームを楽しむ。

釣堀は、釣る人のレベルに合わせて水槽がいくつかに分かれています。

初心者には、必ず釣れて楽しいように、入れ食いの池にしてあります。

「金魚すくいじゃないんだから、入れ食いなんて」と言う上級者には、一番難しい池をつくってあります。

それを分けてほしいというのが、直感人の感覚です。

釣堀に来るお客様はラクにたくさん釣れるほうが楽しいだろうと考えるのが、ムダをなくして効率だけで考える計算人です。

それは釣りの楽しみではありません。

魚屋さんに行って買ったほうが早いです。

魚屋さんへ行って１０００円出せば、１０００円分の魚が来ます。

釣りでは、１日行っても１匹も釣れないことがあります。

大きなのが釣れることもあれば、たくさん釣れることもあります。

調子の波のあるところが、釣りの楽しみです。

これがムダな部分です。

何も釣れないで帰る日があっていいのです。

計算人には、釣りは向きません。

釣りは、計算外なことばかりです。

ふだん理詰めで、計算し尽くして物事を考える人には、計算だけではない直感、プラスアルファのできることが楽しいのです。

釣堀に来ている人には、知的労働者が多いです。

釣船に乗るのも、ふだんはパソコンに向かって仕事している人が多いです。

サービス業をしている人は、お客様とのコミュニケーションの延長線上で魚とコミュニケーションします。

仕事と別の形をしていても、ギャップは比較的少ないです。

パソコンに向かって仕事している人は、日ごろ直感の部分が少ないので、**計算では割り切れないことが面白いのです。**

それでバランスをとっているのです。
仕事で直感を求められる場が少ない人は、直感の求められるゲームをするのです。
勘が求められないゲームはありません。
麻雀も将棋も、勘を求められます。
将棋の名人といえども、すべてを読み切っているとは限りません。
読み切れなくても、勘でどんどん指せるのが本当の名人なのです。

直感を磨くために

10

予測できないことを、楽しもう。

一生懸命仕事をすれば、いい出会いがある。

いい人に出会いたい、出会いたいと思って、毎日合コンしても、出会いはありません。

合コンは「出会いのための出会い」だからです。

出会いのための出会いからは、出会いは生まれません。

出会いは、出会いを目的にしていない時に生まれます。

出会いは「結果」です。

結果である出会いを目的にすると、出会いは逃げていきます。

遊び場には、出会いはありません。

仕事場や勉強の場所で出会いは生まれるのです。

しかも、一生懸命でなければ出会えません。

いい出会いをしたい人は、一生懸命仕事をすることです。

ただ漫然と仕事や勉強をしていても、いい出会いにはつながらないのです。

大きい仕事は、誰でも一生懸命取り組みます。

小さい仕事や、「こんなことやっても、何のメリットにもならないんだよね」ということには、一生懸命取り組みません。

一生懸命やっても給料や評価が変わらないから一生懸命にしないというのは、計算人の発想です。

こんなところで一生懸命やっても始まらないと、効率を考えて手を抜きます。

直感人は、どう頑張ってもメリットのないことでも、一生懸命できます。

一生懸命やったほうが、仕事が面白いことがわかっているのです。

面白くない仕事は手を抜きたくなります。

でも、仕事は手を抜くと、よけい面白くなくなります。

面白くない仕事を面白くする方法は、面白くない仕事に真剣になることです。

真剣になると、面白くない仕事も面白くなります。

面白いこと、評価の上がる仕事は、誰でも一生懸命やります。

面白い仕事は、みんな一生懸命やるから面白いのです。

面白い仕事は、もともと面白いわけではありません。

面白そうな仕事だから、やっていてもきっと面白いに違いないという勘違いが生まれているのです。

面白く仕事をしたいから職場を変えるというのではなく、今やっているつまらない仕事に一生懸命になってみることです。

電話番をやらされてつまらなければ、本気になって電話番をしてみるのです。

本気になった時点から、物事は面白くなっていきます。

面白い仕事と面白くない仕事があるのではなく、本気でやる人と本気でやらない人がいるだけです。

レストランで、本当はウエイターをやりたかったのに、食器を下げる仕事しかやらされなくてつまらないと思ったら、こう考えるのです。

別の店に転職する前に、食器を下げる仕事を本気でやったら、どういう下げ方になるかを考えてみます。

お皿洗いをダラダラやるほど、つまらないことはありません。

お皿洗いを本気でやったらどうなるか、トイレ掃除を本気でやったらどうなるかを考えるのです。

計算人にしてみれば、本気でトイレ掃除をすることは効率が悪いです。トイレは、どんなに本気を出して掃除しても、すぐに次のお客様が来て使います。きれいにしても誰からも見られない。

社長がチェックに来るわけでもありません。

評価されないことに一生懸命になるのは損だと考えてしまうのです。

直感人には、損もなければ、得もありません。

損とか得の発想は、計算人の計算の中に存在するものです。

直感人は、本気か本気でないかだけです。

直感人は、遊ぶ時も本気です。

ジャンケン一つとっても、本気を出して熱くなります。

いいかげんに「なんでもいいよ」とやっていたら、少々楽しいことも、つまらなくなってしまいます。

風俗店のサービスで成功するコツは、お客様に「これは本気だ」と思わせることです。

疑似恋愛をするのです。

疑似恋愛できなくて、「これは営業トークだ」と思われたら、お店の負けです。

みんなと同じセールストークのようだけど、「このコは本気で僕のことを好きになってくれたぞ」と思わせる店が流行るのです。

「しょせん、これは営業ですから」ということをうたうお店には、誰も来なくなります。

勘違いする夢を与えてほしいのです。

勘違いする夢は、本気っぽさから生まれます。

アダルトビデオはＡＶ女優の演技だとわかっているのに、ついつい借りて見てしまうのは、本気を感じる部分があるからです。

本番シーンをダンドリのように進められたら、つまらないです。

その都度、真剣な本気さを感じさせることです。

直感を磨くために

11 出会いを最初から求めないで、一生懸命やろう。

直感人は、未成熟部分を常に持っている。

計算人は、効率的にムダを排除して完成しています。

完成している人がつまらないのは、これ以上伸びないからです。

完成している人を伸ばすのは難しいです。

ディズニーランドの面白さは、未完成なところです。

人間も、未成熟な部分が、その人の魅力になるのです。

傷もなく、完成していることには魅力を感じません。

完璧な企画書はつまらないです。

面接でも、完璧な受け答えはつまらないです。

何を聞いても即座に答えが返ってくるコミュニケーションも、つまらないです。

言いよどんだり、わからないことがあったり、言い間違えたり、絶句したりするのが本当のコミュニケーションです。

全部スラスラ出てくるのは、セールストークのようです。

セールストークがつまらないのは、完成されているからです。

未成熟な部分があると、今度会った時の変化を楽しめます。

完成している人は、変化しません。

完成していると、変化の余地が少ないのです。

崩せないからです。

テクノロジーでも同じです。

完成した商品は行き詰まります。

過渡期の商品のほうが、伸びて売れます。

最終形の完成商品は、意外につまらないので売れません。

まだここにムダがある、まだこれが足りないという段階の商品のほうが、魅力があります。

計算人は、優秀であればあるほど早く完成していて、直しようがありません。

本も、かためることは大切です。

でも、かためすぎると、それを崩していくことができなくなります。

それが得意な人は、それしかできなくなります。
本がかたまっていない人は、得意技に持っていけません。
でも、未完成の部分に潜在的な能力があるのです。
向上心を持って成長はしながらも、完成は目指さなくてもいいのです。

直感を磨くために

12

常に、未成熟でいよう。

第2章

すぐできる「直感」トレーニング。

早送りで見ると、手品のトリックがわかる。

私は、ＴＶ欄を熟読して、面白そうな番組は全部録画しています。
録ったものは全部見ます。
たくさんあるので、時間が足りません。
でも、１日10時間録っても、10時間かけて見るわけではありません。
私にとって、ＴＶ番組には２とおりあります。

① 早送りで見る番組

② ノートを取って保存する番組

海外のヒストリーチャンネルなどは、ノートを取りながら見ます。
大学の授業よりはるかに面白いです。

衛星放送には、専門家が出てくる専門家のためのマニアックな番組もあります。

番組を早送りすると音が消えます。

早送りして音を消したほうが、番組の本質がわかることがあります。

面白い番組は、じっくりメモを取りながら見ても面白いし、早送りで見ても面白いのです。

テレビの情報は、半分は音声で、半分は映像です。

情報の半分の条件である音声を消すことで、逆に映像の発見ができるのです。

ＣＭをつくる時には、編集の段階ではまだ音は入っていません。

ナレーションを入れなくても面白いＣＭに、ナレーションを入れると、もっと面白くなります。ナレーションを入れなければ面白くないＣＭには、ナレーションを入れても面白くないのです。

ナレーションを入れるのは、本当に最後の段階です。

ＣＭをつくる段階の99％は、音なしで見ているのです。

その段階で、どれだけ面白くできるかです。

直感人は、手品の番組も、早送りをして手品のトリックを見抜きます。

計算人は、だまされまいとトリックを見抜こうとして、手品師の心理にまんまとハメられます。

頭がよくてまじめな人ほど手品や詐欺にかかります。

自分は見抜けると思っている人ほど、手品師のいいお客様です。

手品師も詐欺師も、逆を突いてきます。

もともと頭の悪い人は、予測ができないので、ハメていくこともできません。

でも、中途半端に頭がいいと、うまいぐあいにハマります。

そこを詐欺師はうまく突いてくるのです。

手品をビデオに撮って何回も見られるのは、手品を仕掛ける側にとってはつらいことです。見るほうは、初めての時は、油断しているので、ついだまされます。

どうなるかわかってからもう一回ビデオを見ると、違うところに目が行きます。

でも、バレそうでバレません。

計算人は、スローモーションにして見ているのです。

1コマ送りのスローモーションにしても、トリックはわかりません。

CMをつくっていた私は、見た目ではだまされても、映像で見れば、決してだまされません。

人のＣＭや自分でつくったＣＭを見て、映像で見るトレーニングをしてきたからです。

手品を映像で見破るコツは、早送りです。

早送りは、注意力が散漫になって、よけい見逃してしまいそうです。

でも、早送りにすると、スローにしている時にはわからなかった不思議な動きに気がつきます。

「あれっ？」と思うのです。

映像トリックでは特に、画面で合成したり、編集していることがあります。

その継ぎ目が明確にわかるのです。

スローにすると、継ぎ目がわからなくなります。

何かトリックを見つけようとする時に、早送りにするという発想を、計算人はしません。

スローで見ようとするかどうかが、計算人と直感人の頭の使い方の違いです。

注意深く見ようとする時、計算人は、映像をスロー再生します。

直感を磨くために

13 音を消して、早送りでＴＶを見よう。

直感人は早送りします。

早送りしたほうが、逆に「あれっ?」ということに気づけるのです。

早送りでわかるのは、手品を映像で見抜く方法だけではありません。

街は手品の集合体です。

新しいお店ができて、人が集まることも手品なら、本屋さんで新しい本が出て、売れているのも手品です。

街の手品を見抜く方法は、風景を早送りで見ることです。

本も、じっくり読んで理解できないものは、早送りで読みます。

早送りで、スピードを上げて読んだほうが「あれっ?」ということに気づけます。

仕事も同じです。

スロー再生ではわからないことが、スピードアップすると、あれ?ということに気づきます。だから、スピードは大切なのです。

計算人は、企画書を書く。直感人は、試作品をつくる。

計算人は、企画書のような書類をつくるのが上手です。
計算人が書く企画書は、そつなく、よくできています。
でも、中身がないのです。
面白みに欠けて、たいてい分厚いです。
こんな企画書からヒット商品は生まれません。
そつのなさが命取りになるのです。
今までどこかで見たことがあるようなものを寄せ集めているだけです。
不合格ではない代わりに、合格でもないのです。
直感人は、企画書を書くのが苦手です。
面倒なので、Ａ４判１枚以上の企画書は書きません。
企画書を書くより、試作品をつくってしまいます。

計算人の企画の趣旨は、なるほどご立派で、ごもっともな正論です。

その先の、具体的にどうすればいいかという最後の詰めの段階が見えてこないのです。

直感人のつくるモノは、趣旨はよくわからないわりに、形はでき上がっています。

理屈を後づけしていく発想になっているのです。

「本を書きたいんですけど」と企画書を持ってくる人がいます。

作家志望の人が持ってくる企画書は、とても緻密です。

こんなに緻密な企画書を書くくらいなら、作品を書いてしまえばいいのにと思うほどです。

でも、作品にはなっていないのです。

作家になりたい直感人は、企画書を書く前に、原稿ができ上がっています。

企画書が得意になりすぎると、試作品をつくるのが遅くなります。

ゼロからモノをつくる人ほど、企画書をつくれないのです。

モノづくりは、すべてが試作品の連続です。

そこでスピードに差がついてきます。

どんなに計算が速くても、スピードは直感人のほうが圧倒的に速いのです。

計算人は、とてもかないません。

直感人は、計算しないわけではありません。

まず感覚から入って、その後、計算をするのです。

計算を抜きにして、直感だけで最後までやる人は失敗します。

仕事は、勘だけでは成功しないのです。

また、たいていは計算だけで成功すると思われています。

計算と勘の組み合わせがあって面白くなるのです。

計算だけでは面白くありません。

やっている人だけでなく、それを評価するお客様の側も、面白くないのです。

送り手が面白くないものを、受け手が面白いと思うわけがないです。

私は、ある事柄を好きか嫌いかで判断します。

スタートしたら、できるだけ成功させたい、大きなムーブメントにしたいと考えています。

「そのために、10倍、100倍のお客様を巻き込んでいくにはどうしたらいいか」という後からの計算をするのです。

計算人は、根回しや稟議を仕事だと考えています。

直感人は「フォロー」を仕事だと考えています。

やってしまったことをいかにフォローするかです。

好きだからやりたい、女性にモテそうだということから始めて、どうしたらいいかフォローして仕事にしていく考え方をするのです。

考える順序が逆になっているのです。

直感を磨くために

14

企画書より、試作品をつくろう。

計算人は、必死にスピードを上げる。直感人は、楽しんでスピードを上げる。

どんなに計算が速くても、直感には及びません。

手品のトリックは、ビデオを早送りするほうが見抜けるのと同じように、スピードを上げたほうが成功率は高くなります。

計算だけに頼らないで、直感という要素を多く入れていくと、成功率はさらに上がります。

直感を磨くには、速くすることです。

今まで1分でやっていたことを30秒にするのです。

30秒でやっていたことは10秒にし、10秒でやっていたことを5秒に、制限時間を短くしていくことで、直感は磨かれていくのです。

直感を磨き、なおかつ速くするためには2つの方法があります。

① 制限時間（締め切り）を短くする
② 楽しいことをやる

楽しいことは、制限時間、締め切りと関係なしにやれます。
優先してやると、スピード自体が速くなるのです。
１冊の本も、締め切りを速くすることで速くつくるものもあれば、面白いから
やっちゃおうということで速くできるものもあります。
楽しいことをすることで、スピードは速くなるのです。
楽しくない仕事もたくさんあります。
実際、やっている間も楽しい仕事はそれほどありません。
つらいこと、面倒くさいことばかりです。
でも、楽しくない仕事を速くする方法があります。
楽しくないことは、楽しいことを考えながらやるのです。
楽しくないことを楽しくないと思いながらやっていると、ますます楽しくなく
なります。

現実は楽しくないのですから、せめて頭の中ぐらいは楽しいことを考えながらやるのです。

計算人は、楽しい事柄→行動→仕事 です。

だから、今やっていることは楽しくないと思ってしまうのです。

直感人は、目の前の仕事が楽しくなければ、頭の中で楽しいことを考えて、楽しいことにしてしまいます。

妄想を抱くのです。

たとえば、美人と一緒に仕事をするのは楽しいです。

美人でない人と仕事をしているのは楽しくないです。

でも、「美人でない人の友達は意外と美人だったりする」と考えます。

「今度ごはんでも食べよう」と誘って、友人も連れてきてもらうことにするのです。

ごはんを食べながら、「この人は一生懸命な人だよ」とほめてもらって、話がまとまったら、美人と友達になれます。

今は楽しくなくても、一生懸命仕事しておこう、目の前の人に優しくしておこう、ごはんでもごちそうしてあげようと、何の話も出ていないうちから勝手にストーリーをつくって楽しんでいます。

現実にはありえないことのようでも、絶対ないとは言い切れないのです。

これが楽しむということです。

目の前にあることが楽しいか楽しくないかではありません。

目の前にない、その先のストーリーをどれだけ楽しめるか、楽しいことをどれだけ考えられるかで、楽しくなるのです。

直感を磨くために

15

楽しいことを考えることで、スピードを上げよう。

計算人は、成功者と戦う。直感人は、成功者と友達になる。

計算ではつかめない時に、「運がよかった」と言います。

直感で行動したり、判断しているうちに、運は鍛えられて強くなっていきます。

運をつかむ力がついてくるのです。

運のスピードは速いのです。

どんなに速く計算しても、運が動くスピードのほうが速いのですから、計算で運をつかむことはできません。

運より速くなろうと思ったら、直感でつかむことです。

運を強くするためには、どこかで計算をやめて、直感に切りかえるのです。

運に対する考え方が間違っていると、運を計算でつかもうとします。

計算では運をつかめません。

そもそもスピードが違うのです。

どこまで行っても追いつけません。
時速80キロの車は、時速１００キロの車に追いつけないのと同じです。
どこかで先回りをする必要があるのです。
運と直感は同じです。
直感を鍛えていくためには、直感力のある人と一緒にいることです。
直感力のある人は、どういうところで直感を働かせるのか肌で覚えていくのです。
直感力は、計算で鍛えられるものではありません。
直感力のある人から覚えるしかないのです。
運を強くするためには、運の強い人にしがみついていきます。
人から教わるものなのです。
計算は本からでも学べます。
直感は、自分の行動と、人から学んでいくものなのです。
人から学ぶ時には、直感力のある人を見きわめる力が必要になります。
そうしないと、誰にしがみついていけばいいかわからなくなります。

運の強い人は、直感力も強いのです。

直感力のある人、運の強い人は、もとから持つ強さだけでなく、ちゃんとフォローしています。


「運」プラス「フォロー」で、運がハッピーにつながっていくのです。


出会いも同じです。

「出会い」プラス「フォロー」が、出会いにつながっています。

ほとんどの人は、フォローの部分を何も見ていません。

たまたま知り合って、恋人にまで発展するのは、どういうフォローをしたかによるのです。

たまたま運が転がってきただけでは、ハッピーにはなりません。

転がってきた運に対してどういうフォローを即座にできたかで、運がハッピーにつながるのです。

直感も同じです。

ただひらめいただけでは、消えてしまいます。

ひらめいたことをフォローすることで、勘をアイデアにできるのです。

直感は、直感だけでは直感にならないのです。
直感にプラスアルファのフォローがあった時に、初めて直感は直感になるのです。

直感を磨くために

16

運のある人に、しがみつこう。

激戦区に入るほうが、成功しすい。

商店街では、流行るお店と流行らないお店にくっきり分かれます。
1店舗だけ流行って、ほかは流行っていないという商店街はありません。
全部ダメか、全部元気がいいかのどちらかです。
向かいの店が改装すると、道を挟んだ向かいの店が刺激を受けます。
「うちも何かやらなくちゃ」となるのです。
同じことをするわけにもいかないので、違うことをやろうとします。
それで商店街全体が活性化していくのです。
ライバルが存在しなければ、スターにはなれません。
買ったり負けたり、シーソーゲームをしながらお互いに刺激し合っていくのです。
計算人は、ライバルが少なくなるほど勝率が上がると考えます。

直感人は、ライバルが少なくなるのは「つまらない」と考えます。

会社の採用人事が「今年は豊作」「今年はダメ」と言います。

たしかに、採用人事には豊作・不作の代があります。

TV局のアナウンサーも、同じ代がかたまっています。

自分の番組を持ったり、局の顔になるアナウンサーの出る年は、各局とも激戦の年に採用されています。

会社の「当たり年」は、採用担当者が優秀な年です。

採用担当者のレベルに合わせた学生が集まるのです。

当たり年になるには、2とおりあります。

① その業界に人気が出た時

人気が出ると、人が大量に集まります。

当然、底辺が広がるので、後にトップになる逸材が混ざっている確率が高くなり、大儲けしやすくなります。

②　その業界が全然ダメな時

こんな時は、無名校から豪傑のような人材がコロコロと混じります。

斜陽も斜陽、どこへも入れなかった人たちが行く業界から、逸材が出るのです。

そこそこいい年、そこそこ悪い年は、豊作になりません。

一流になりたいと思ったら、激戦区に入ることです。

何をやりたいかわからなくても、とにかくトップになりたいと思ったら、競争の激しい業界に入るのです。

競争のないところに行って勝つか、競争の激しいところに行って鍛えられるかの2つに1つです。

競争はイヤだけど、流行っているところに行きたいというのは、中途半端です。

私が就職した年は、広告業界が元気な年でした。

糸井重里さん、仲畑貴志さん、川崎徹さんが広告業界のカリスマでした。

大学生時代には、後にライターや作家になる人がかたまっている代でした。

私は、大学生から20代、サラリーマンになってもずっと小学館で原稿を書いていました。

当時、小学館のロビーで将棋をしていた仲間は、それぞれ違うジャンルで、今みんな売れています。

書くことで食べているのです。

小学館のロビーでは、みんなグチグチ言いながら、原稿を入れていました。

週刊誌の入稿日が重なって、机は足りない状態でした。

机を半分ずつ使ったりしたものです。

一番稼いでいるのは、マンガ原作へ進んだ人です。

部数だけでなく、ドラマ化されたりしているからです。

社会的に名前の売れる人のほうが、意外と収入はアップしていません。

優秀な人は、みんなお互いにハードワークをしているので、ハードワークが当たり前になっています。

マラソンと同じで、集団のペースができ上がるのです。

翌朝7時の大日本印刷の入稿までには、何とかしなければという人たちの集まりになっていました。

ポジショニング論では、競争相手のいないところに行くのが正しいです。

でも、国際競争力を高めようと思うのなら、予選では激戦区に入っていくほうが、はるかに鍛えられるのです。

直感を磨くために

17

激戦区に、あえて乗り込もう。

計算人は、いじめられる。直感人は、ケンカして負けるほうを選ぶ。

「職権を使った嫌がらせ」という意味の「パワーハラスメント」があります。

職権を乱用した嫌がらせは昔からあります。

未来もずっと続きます。

パワハラがなくなると期待すると、つらいです。

パワハラのない職場を求めて転々としていると、それは絶対にどこに行ってもなくなりません。

パワーハラスメントという言葉の微妙なニュアンスに、実はみんなの誤解があります。

本当にパワーを持っている人は、そんなことはやりません。

職権乱用してセクハラするのは、パワーのない人です。

パワーのない人が、自分のパワーを確認したいためにやっているのです。

決してエッチなことをしたいわけではありません。

これはいじめと同じです。

例えば、社長がヒラ社員に嫌がらせをすることはあまりありません。

パワーバランス的にかけ離れた人同士の間では、いじめは起こりにくいのです。

この人とこの人とでは一体どちらが偉いのか、わからないぐらいの本当に直属の人との間で起こりやすいのです。

くっきり差がついているところでは、いじめても始まらないので、そういうことは起こりません。

比較的狭い職場とか、小さい規模の仕事場で起こりやすいのです。

力のない人が吠《ほ》えているだけと頭ではわかっていても、毎日職場で顔を合わせると、なかなかつらいものがあります。

これは学校時代のいじめが、職場のセクハラとかパワハラになっているだけのことです。

いじめに対しての対応策は2とおりしかありません。

直感を磨くために

18

ケンカして、負けよう。

① **そのままいじめられる。**

② **戦って負ける。**

戦って勝つことはありません。

「ない」と言い切ると語弊がありますが、勝てるとは限らないという意味です。

計算人は「どうせ負けるから」とあきらめます。

直感人は「負けてもともと」と、まず戦ってみます。

戦って負けても、とにかく戦ってみるというのが、いじめられるままではいない一つの方法です。

計算人は、考えてからする。直感人は、しながら考える。

直感人と計算人の違いは「習慣」です。

考えてしていることは、習慣ではありません。

「気がついたらしてる」のが、習慣です。

周りの人が独立しているのを見てから「自分も」と独立しても失敗します。

先に独立した人が成功する理由は、本人の気持ちからです。

時代に合う合わないは全然関係ありません。

結局、人の独立を見てから動くという本人の気持ちに問題があるのです。

私には、もともと独立などという意識はなんにもありません。

意識してやっていることは習慣ではないのです。

1日におしっこを何回していますかと聞かれた時に、ほとんどの人はわかりません。

それは習慣だからです。

おしっこを1日に何回しなければならないと考えるのは、独立すべきか否かと考えるのと同じです。

考えてしまっている時点で習慣ではないのです。

気がついたらやっていたということが習慣です。

「気がついたら会社を起こしていた」でなければなりません。

これは、いたって簡単なことです。

トイレに行くのは別に難しくありません。

つまり、「独立しなければならない」とか、「なんとか独立するべきだ」と考えている人は、やってはいけないのです。

それは「トイレに1日何回行こう」と考えているのと同じなのです。

迷うことの原因は自分にあるのに、「なかなかそうは思えない」と言う人がいます。

思わないことは、しなければいいのです。

思わないことをするから、おかしなことになるのです。

学校へ行かなければいけないと思うから、不登校が生まれるのです。

学校へ行きたくなければ、行かなければいいだけのことです。

行きたくない人は別に行く必要はありません。

独立しなければならないと思う必要も全然ありません。

独立したい人は勝手に独立します。

独立しなくてはいけないと思い悩んでいるだけの人は永遠にしません。

企画も同じことが言えます。

「企画しなければならない」とか、企画の仕方を意識しながらやっている人は、そもそも企画の仕事に向いていない人です。

どうやって企画しているかは、他人から聞かれた時に、「そう言われればこういう仕方をしているかな」と答えるぐらいで、なんの意識もしていません。

意識している習慣はありません。

それはまだ習慣になっていないのです。

それはトレーニングにすぎません。

もちろんトレーニングを経て改善されていくものもあります。

トレーニングには、2とおりあります。

①意識してするトレーニング
②意識しないでできるトレーニング

あらゆることは、無意識→意識→無意識　の段階で発展していきます。

トレーニングは、無意識から意識をいったん経由して、無意識へ持っていくためのプロセスです。

無意識でやっていることを意識して、次は無意識でできるようになるのが習慣です。

独立とか企画というのは、やりたいと思う人と、そうではない人が、大きく分かれます。

作家も同じです。

世間での作家のイメージは、原稿用紙に向かって髪をかきむしって、何を書こうか行き詰まっている人というイメージがあります。

それは作家ではありません。

書きたいことが山のようにあるのが作家です。

作家でない人が作家になろうとするから行き詰まるのです。

私は「書くことがなくなることはないんですか」とよく聞かれます。

作家で書きたいことがなくなるというのは論理矛盾です。

ついつい書いてしまうのが作家です。

どこで筆を止めるかが作家であって、書きたいことがあるから作家をやっているだけです。

「作家になりたいのですが、書きたいことがわからない」という人は、作家にならないほうがいいのです。

直感を磨くために

19 考えずにする「習慣」を身につけよう。

「悩むヒマ」を省くことで、スピードはアップする。

直感人は、悩みません。

悩んでいるヒマがないのです。

トレーニングで意識していけば、悩んでいる状態とか、時間のムダがどんどん生活から省いていけます。

迷っているヒマなどありません。

「3分報告、15分解決」という話は、ロシアのアメリカに対するミサイル攻撃のマニュアルです。

具体的な数字で書かれていると、とてもインパクトがあります。

ビジネスの現場でも同じくらいの危機感を持つことは必要です。

どんなことでも、できないことは決してその人の弱点ではありません。

作家ではない人に、「あなたは書けないから、書けないことが弱点だね」と言っているのと同じです。

それは作家ではないのですから仕方ありません。

向いているか向いていないかでもありません。

あなたが企画をできないとしたら、企画マンなのか、そうではない人かに分かれているだけです。

アイデアが出ないとしたら、アイデアマンではないということです。

それは、成功しているかしていないかではありません。

成功者かそうではない人かは、他人が決めることではありません。

あくまでも自分の意識からくるものです。

人間は他人の評価をつい気にしてしまいます。

人の評価を気にして、自分がアイデアマンなのか、アイデアマンではないのかを決められないでいるのです。

アイデアが出なくて悩んでいるのは、アイデアマンにならなくてはいけないという錯覚からきています。

逆にいえば、仕事をするうえで悩んでいる余裕はありません。

悩んでいるということは、かなりヒマな人です。

悩むヒマなどありません。

それでなくても、もっと大きな問題がたくさん出てくるわけです。

そんなことでゴチャゴチャやっているヒマはありません。

主婦はスーパーで買い物をしている時に、何を買うか、何をつくるかを、その都度、食材を見ながら、すぐに判断できます。

仕事の中での判断の仕方も同じです。

すべて何をするにも、無意識のうちに一つ一つ判断しています。

車の運転もそうです。

結局、それが習慣になれば、仕事の中で、考えるヒマもなく、一つ一つを判断していけます。

「要らないモノを捨てる」あるいは「5分遅れない」というふうに一つ一つ言って聞かせているのは、まだかなり初期の段階です。

そうしなければいけないと自分で思っていたら、時間に遅れないし、モノもためません。

直感を磨くために

20 「悩むヒマ」を省こう。

私が本を書く時も、「自分はどうしているか」ということを思い出して、書き出してみる作業でしかありません。

自分がこう努めようということではありません。

自分としては実はあまり意識していない、当たり前のこととして書いています。

「これから自分はこうしよう」ではなくて、今まで自分が当たり前にやっていることを振り返る作業でしかありません。

そこで少し戻って、「みんなはどうやっているか知らないけど」という話です。

すごいだろうというふうには一つも書いていません。

すごいだろうというのは習慣ではありません。

「習慣」は淡々としたことなのです。

計算人は、自分の能力を探す。直感人は、自分の能力のカケラを探す。

直感人は、自分の能力を客観的に見ることができます。

過信もしなければ、卑下もしません。

能力は、まったくゼロのところから手に入れていくものではありません。

すでに持っている「1」を伸ばしていくことで、強くなっていくのです。

いきなり10の能力を探すことはできなくても、自分の1の能力に気づくことはできます。

すぐれた上司は、部下の1の能力に気づいて、伸ばしていきます。

計算人は、ゼロから10にしようと思うから、自分の能力とは何だろうということばかり考えることになります。

ムダにあくせくしてしまうのです。

能力のないものばかりを考えて「あれもない」「これもない」「だからダメ」と

いうネガティブな考え方になります。

1の能力に気づくには、追い込まれることです。

山で遭難した時に、リュックの底に沈んでいたチョコレートのカケラを発見することがあります。

普段は目にも留めないものでも、追い込まれると、何かないかと全力で探します。

追い込まれて全力を出しきったところで、ほんのカケラの才能に気づくのです。

気づくためには、とことん追い込まれて、最後のひと絞りまで出してみることです。

自分が持っているカバンを裏返して探してみるぐらいのところまでしてみるのです。

「どんな能力をつければいいの?」と考えてしまうのは、上のほうから雑にのぞいて、何もないとあきらめているからです。

みんななにがしか持っています。

もともと持っているものの「きっかけ」をつくってあげればいいのです。

すぐれたコーチは、それをうまく引き出してくれます。

直感人は、コーチに頼るだけでなく、自《みず》ら《か》育てていきます。

自らがコーチになって、自分自身の悪いところ、自分の味、能力に気づいていくのです。

最初は間違ってもいいのです。

「これじゃないか」と思うものに賭けていくことです。

いきなりゼロから10にするよりも、1から2や3にしていくことが、強みになります。

使う側の人間は、足りないものが何かを考えていません。

その人がどういう能力の持ち主かを見て、それが生かせる仕事を与えてくれるのです。

あれが足りないから、その足りない部分を補っておけという仕事の渡され方はしません。

1でも2でも、いいところを見つけて仕事は任されるものです。

仕事を手に入れるためには、チョロッと芽が出ている自分の1や2の才能を意識していくことです。
私が新入社員の時は、スピードと量でした。
クオリティは自分ではわからなかったのです。
スピードと量だけは、大学時代からのトレーニングに自負がありました。
今も変わらず、そこに賭けているのです。

直感を磨くために

21

自分を追い込むことで、能力のカケラを見つけよう。

計算人は、仕事をSMに感じる。直感人は、仕事をSMプレイに感じる。

仕事がつまらない、つらい、イヤだという時は、仕事を「プレイ」「～ごっこ」「ゲーム」と考えて、その役を演ずるのです。

風俗に行くと、「○○プレイ」がたくさんあります。

大腸カメラの検査も、新種のプレイだと思えばいいのです。

プレイと思えば、ハマります。

仕事、義務、労働だと思うと、ハマりません。

どんなことでも楽しんでハマッてしまえるのが、直感人の強みです。

ジェットコースターに30回乗るのも、労働やノルマでやるとつらいです。

スキー場の1日券のモトを取る滑り方は、楽しくありません。

回数券を買えばよかったと、リフトに並んで文句を言っていたら、遊びにもプレイにもなりません。

直感を磨くために

22 「プレイ」と考えることで、仕事もSMも快感になろう。

電車内で水着のグラビアを見ているお兄さんがいました。

1時間ほどたっても、そのお兄さんは、まだ同じページを見ていました。

あの真剣さとエネルギーは相当なものがあります。

アダルトビデオの棚で選んでいる人も真剣で、話しかけてはいけないような、鬼気迫るものがあります。

その集中力と右脳の活性化を仕事や趣味、勉強に向けたら、アイデアはひらめくし、間違いなく成功します。

直感人に、なれるのです。

あのエネルギーと集中力を大切な人に向ければ、相手も、あなたのためになんとかしようと思います。

読み飛ばすのではなく「食い入るように見る姿勢」が大切です。

計算人は、数字を目指す。直感人は、芸術を目指す。

私は、年間60冊以上本を書いているので「ゴーストライターがいるのではありませんか」とよく聞かれます。

私は、書くのが好きだから、これだけ本を書いていても、それ以外にほかの人の本を、ゴーストライトしたいくらいです。

私は、取材されるインタビュー記事も、全部自分で書きたいぐらいです。

点の打ち方や「てにをは」で、伝えたいニュアンスは微妙に変わってきます。

詩と同じ意識で本を書いているのです。

人が書いてニュアンスが全然違ってしまった原稿をゲラで直すより、自分で最初から書いたほうが圧倒的にラクです。

それだけ言葉のニュアンスを大切にしています。

「手書き」ができなければ、パソコン入力も口述もできません。

志茂田景樹さんや松本清張さんは、口述した後、赤で直します。

口述は、将棋盤なしに将棋を指すようなものです。

将棋盤上に将棋を指すのと、将棋盤なしに将棋を指すのとでは、エネルギーはケタはずれに違います。

私は手書きでスタートしてきた世代です。

手書きの部分を経由しないと、パソコンで書くこともできません。

パソコンでは書けるけど、手書きはできないという人はいないです。

手書きは、デッサンと同じです。

無意識に手書きできるぐらいにするのです。

パソコンは比較的無意識に書けます。

私は今、「魔法」の練習中です。

魔法は、一種の芸術です。

計算人は「点数を取ること」「勝つこと」「売れること」を目指します。

そうしているうちは、スポーツの域を超えません。

それよりも「いかに芸術になるか」を目指すと、直感を磨けるのです。

23 「売れる」より「芸術である」ことを目指そう。

ボウリングでは、投げる前にピンが倒れるところに到達したいです。
投げて倒しているうちは、まだスポーツです。
見ている人も競技者も、投げる前に「あっ、倒れた」とわかるのが芸術の域です。
武道は芸術です。
西部劇のガンマンの対決も「抜く前」が勝負です。
どっちが勝つかは、抜く前の戦いです。
抜いた瞬間に、もはや勝負はついているのです。

第3章

「潮流」をつくる直感人、足を引っ張り合う計算人。

計算人は、2位争いをする。直感人は、トップと争う。

計算人も直感人も、競争しています。

でも、競争している相手が、違います。

計算人は、2位争いをします。トップと戦おうとはしないのです。

2位争いなら、まだマシです。

同じ会社に入った同期の中で「あいつのほうが少し給料が高い」「あいつのほうが一階級上の役職になった」という狭い範囲の中での勝負をしているのです。

2位争いをしている限り、1位にはなれません。

直感人は、常にトップと戦います。だから、トップになれるのです。

2位争いをしている人は、勝っても2位以上にはなれません。

トップ争いをする人は、トップに負けても2位よりは上にいます。

トップと戦って2位になっている人と、2位を目指して2位になった人とは、同じ2位ではないのです。

直感を磨くために

24

トップと争おう。

トップと競争している人は、第2集団、第3集団を大きく引き離しています。

でも、自分の周りにいる集団には優しく味方になります。応援もできます。

余裕を持って見ることができるのです。

社長を目指す人は、周りが自分より1000円や2000円給料が高くても、嫉妬《しっと》しません。トップと争う直感人に、嫉妬という感情は存在しないのです。

2位争いをしている人は、周りの集団がみんな敵です。

ギスギスした関係になって、優しくなりません。

自分の最も近い人、目の前を走っている人を見ていると、嫉妬します。

距離が狭まれば狭まるほど嫉妬は生まれやすくなるのです。

自分より給料を10倍取っている人には嫉妬しません。

ところが、1%違うと、「なんであいつだけ」と怒るのです。

嫉妬している本人が苦しむことになるのです。

計算人は、わからないものには、参加しない。直感人は、わからないものだから、参加する。

日本には、お笑いタレントになるための「ヨシモト」という学校があります。
でも、ビジネスマンになりたかった時に、行く学校がありません。
吉本興業から独立された木村政雄さんが「有名塾」という学校を始めました。
個人で仕事をするという意味での「有名」です。
組織でする「匿名仕事」に対し、自分の名前で責任を持つ「署名仕事」なのです。
計算人は、匿名仕事が得意です。
直感人は、署名仕事が得意です。
「有名塾」は「ビジネスマンのためのヨシモト」なのです。
「アイツ、なかなかオモロイ」と言う時、それは、お笑いだけではありません。
ビジネスでも発想や行動が「オモロイ」ことが才能です。
タレントとは、お笑いだけではなく、ビジネスマンもタレントなのです。

パンフレットを読んでも、「有名塾」が何をするのか、よくわかりません。

実に、うさん臭い。

計算人は、「うさん臭さ」が嫌いです。

直感人は、「うさん臭さ」が大好きです。

リアクションで、2とおりに分かれます。

①何をするのかわからないから、来ない人。
②何をするのかわからないから、来る人。

「チャンスは、うさん臭さの中にしかない」ことだけは、歴史が証明しています。

「有名塾」は、エリート集団にはなりません。

ゴルフで言えば18ホールを68打で回る選手と1ホールで68打を打てる豪傑が、一緒にプレイする「ごった煮集団」の中から、直感人は才能を開花させるのです。

直感を磨くために

25 わからないものこそ、やってみよう。

直感人は、お互いが刺激し合って、潮流をつくる。

どんな業界でも、毎年、まんべんなくトップになる人が出てくるわけではありません。

当たり年、豊作の年があるのです。

音楽業界で松田聖子が活躍した時は、その周辺からアイドルがたくさん出ました。

ブームだから、たくさん出たのではありません。

そういう人たちがたくさんいるところが、時代の潮流になっていくのです。

今、景気が悪いと言われています。

でも、よく見ると、豊作の業界があるのです。

ボウリング業界でも、新しいタイプの選手が出ているのです。

イチローも松井もアメリカに行き、日本のプロ野球はどうなるのだろうと言われています。

でも、日本のプロ野球にも新しい世代はたくさん出ています。

新しい潮流は、次に必ず出ているのです。

「この業界はダメになっている」という、わかりやすい不景気論に惑わされることはありません。

レストラン業界では、35歳のグループが、どんどん出ています。

35歳でレストランを15～20店舗チェーン展開している大阪、京都、名古屋の経営者が、東京にどんどん進出しているのです。

この世代は、みんな友達同士です。

お互いがライバルでありながら、コラボレーションで新しいものを生み出していく流れができています。

この前の世代は、五木寛之さんの『青年は荒野をめざす』を読み、海外放浪をして、日本に帰ってから飲食店を始めています。

団塊の世代です。

そこから20年くらいスキップして、35歳へ直感人の山が飛んでいるのです。

ある代があまりにも強いと、そのグループは固まります。
隣接した世代は、なかなか後に続けないのです。

直感を磨くために

26

同世代と刺激し合おう。

計算人は、過去のエライ人と競う。直感人は、未来のすごい人と競う。

「なかなか優秀な人材がいないよね」という言葉に振りまわされないことです。

どこの業界でも「ある世代」に優秀な世代がゴソッとかたまっています。

時代によって、潮流となる優秀な人材を集めるところは、毎年入れかわります。

麻雀の親が入れかわるように、いろいろな業界がグルグルまわっているのです。

証券業界が人材を集めた時代もあれば、TV業界が集めた時代もあります。

これは2年と続かないのです。

優秀な学生が必ず挙げる就職先は、ある年はシンクタンクでも、次の年は違います。

次の年に、前年流行った業界を言う人は、優秀ではありません。

センスがズレている時点で、もう遅れているのです。

自分のやりたいことをやれと言いますが、逆に面白そうな人が集まっている業界をねらう方法もあります。

野球をやりたかったけど、今盛り上がっているサッカーをやってみようかなという考え方も、自分を鍛える一つの方法なのです。

ただし、これは成功率の高い方法ではありません。

むしろ競争率が高くなって、ウイナー・テイク・ホールのハイリスクになります。

当たれば大きいです。

でも、負けるとゴッソリ行かれます。

混んだルーレットのようになってしまうのです。

流行っているお好み焼き屋さんの隣に新しいお好み焼き屋さんができることがあります。

前からあるお好み焼き屋さんは、ここで怒ってはいけません。

新しいお好み焼き屋さんができると、前からあるお店は、ますます流行ります。

ますますお客様が増えて「お好み焼き屋街」が形成されます。

これが同世代の感覚です。

でも、サッカーが盛り上がる伏線は、かなり前からありました。

親の世代までさかのぼることもあります。

メキシコオリンピックのころ、日本のサッカーは強かった。

でも、その強さは、後に続きませんでした。

ところが、川渕三郎キャプテンは、強さの波を途切れさせませんでした。

今の日本のサッカー界は、名プレイヤーがどんなに海外流出しても、選手は後にいくらでもいます。

これが川渕チェアマンのすごいところです。

「この業界はダメだ」と言っている人は、次に来る大きい波を見ていないのです。

「松井が大リーグに行ったから、日本の野球はもうダメだ」と言う人は、野球ファンではないのです。

面白いテーマは、たくさんあります。

今、小学生の間で流行っているモノは何かを見ておくことです。

将棋では、小学生時代に奨励会で出会った相手が、一生涯のライバルになります。

これからは、いろいろな業界で、将棋に近い状態になっていきます。

ボウリングも、将棋も、ジュニアのころからお互いを意識しています。

直感を磨くために

27 未来の「すごい人」と競おう。

子供同士で「こいつは強い」というのがわかるのです。

うまい具合に同世代のライバルに出会えなかった人は、スターにはなれません。

本人はライバルとは思っていなくても、世間がポジショニングしていくのです。

年齢の話をしなくても、意外な人が「同い年だ」とわかることがあります。

同い年で頑張っている人がいるとわかると、意味不明な勇気がわいてきます。

何の根拠もなく、「だから何?」と言われたら終わりになるようなことで、元気づけられるのです。

俳優座15期には、そうそうたるメンバーがゾロゾロいます。

まだ無名のころから同期でかたまって、刺激し合っているのです。

評価は、売れているからするのではありません。

直感人は、自分も相手も売れていないころから「こいつは面白い」とお互いに評価できるのです。

計算人は、相手の過去にこだわる。直感人は、相手の未来にこだわる。

年齢が近くなると、師弟関係は成立しにくくなります。

手塚治虫さんを慕《した》って「ときわ荘」に集まった人たちは、手塚さんと年齢が近かったわけではありません。

手塚さんに憧れた10代の若者が集まったのです。

そこが「同世代」になっていきます。

年齢差はあっても、その中での年長者が、一応まとめ役になっていくのです。

これは年齢の違う同期です。

ボウリングは、同期の年齢差が激しいです。

最年少は16歳、最年長は50歳を過ぎていますから、いきなりシニアです。

ボウリングでは、シニアの格はとても評価されるので、強い人も多いです。

ほかのスポーツとは違う、年齢差のある不思議な「同期」が存在するのです。

直感を磨くために

28 「何年入社」発想から抜け出そう。

今までは、同じ年齢を集めていました。
リーダーと、若いところまでの年齢差がある組み合わせはしませんでした。
でも、ＴＯＫＩＯのような年齢差のある新しいグループ構成が生まれています。
Ｖ６のように、２グループで構成されたものもあります。
計算人の「何年入社」発想から、そろそろ抜け出してもいい時代です。
サラリーマン社会では、「何年入社」が一生つきまといます。
年齢ではなく、「〇〇と同じ年の入社ね」と言われるのです。
実際は、「同期」には、新卒から３年プラスぐらいの年齢差があります。
プラス２年の私には、後輩の同期がいます。
１年後輩の先輩もいます。
直感人は、業界の違う同い年にもシンパシーを感じます。
「同い年のカッコいい人」を探してみることです。

直感人は、仲間を先に成功させる。

同期で、自分より先に売れる人がいたら、応援してあげることです。

計算人どうしでは、ねたんだり、足を引っ張ったりして、全滅します。

先に行った人が、みんなを引っ張り上げる形のほうが、成功しやすいのです。

脱走と同じで、一番先に塀を登り、塀の上からロープをたらして引き上げる係が必要になるのです。

脱走は、一人ではできません。

脱走で必要なのは、手口ではなく、チームワークと信頼関係です。

みんなの利害はバラバラです。

自分は保釈になりそうだから、脱走はしないという人もいます。

囚人全員が脱走したいと考えていないところが、脱走劇の難しいところです。

脱走をしないで残っても、罰を受けます。

「知っていて報告をしなかったのも、協力したようなもの」ということで、罪が重くなるのです。

だから、脱走しない人は、チクります。

「オレ、やめるわ」という人間が同室から出てくると、脱走のリーダーは、「こいつ、しゃべるんじゃないかな」と不安になります。

脱走を企てる側は、脱走したくないという人を認める度量が要るのです。

嫌われていると、脱走のリーダーにはなれません。

同期や、あるかたまりの年代が成功するのは、チームワークがうまくできているのです。

みんなが計算して同じポジションをねらうと、一つのポストを目指して競争が起こります。

計算人どうしで足の引っ張り合いが始まってしまうのです。

成功するのは、嗜好の違うタイプが集まった世代です。

みんなが「ニューヨーク出世コース」をねらうよりは、「オレは人事に行くよ」という道を選ぶ方法もあります。

たどるコースはバラバラでいいのです。

誰もが、自分のコースを王道だと思っています。

「アイツは出向して、コースをはずれた」と思うと、ホッとします。

でも、出向が王道になることもあります。

同期入社どうしは「こいつはできるかできないか」すぐにわかります。

優秀な人は、それに対するリスペクトがあります。

直感人は、できないからといって、ムッとしたり、ふてくされたりしません。

できる人ができない人を見くだしたりもしません。

仲がいいのです。

競争社会はギスギスすると思われています。

実際にはゴルフでも、シングルプレイヤーがハンディ36の人をバカにすることはありません。

これからの時代は、同期でどんどん差がついてきます。

当たり年の代と、ダメな代の差もはっきりしてきます。

今までは、何年入社で、社歴何年だから給料いくら、ポストは何と決まっていました。

こういう時代は、その代の豊作・不作の差はくっきり出ません。

同期の中で競争が起こると、その代が全員うまくいくか、全員ダメになるかのどちらかになるのです。

直感を磨くために

29

仲間を、先に成功させよう。

直感人は、小銭をわかりやすく渡す。

お金で苦労しない人は、小銭の出し方が、きれいです。

タクシーの代金が980円の時、小銭しかなかったとします。

500円玉1個、100円玉4個、50円玉1個、10円玉3個をザラザラッと置くのは不親切です。

1000円札なら、見てすぐわかります。

小銭の場合は、受け取る人が一瞬でわかるように並べて置くのが直感人です。

受け取る側が一目で980円とわかるように、払うほうの人が100円玉は100円玉、10円玉は10円玉で、まとめてレイアウトして渡すのです。

バラバラに渡すと、並べ直して、もう一度数えなければならなくなります。

並べ直させるのは、面倒な作業です。

それを受け取る側の責任にするのは、払う側のわがままです。

計算人は、お金を出す時に、たくさん払いすぎないように数えて出します。

でも、「これでよし」とバラバラに出していると、いつか自分が損をします。

きれいにレイアウトして出せば、払いすぎの時も、相手が気づいてくれます。

間違いを未然に防ぐことができるのです。

ザラッと出されたお金を数える作業は、相手を疑っているようで、誰でもイヤなものです。

やりたくないことを相手にさせないようにするのがマナーです。

無造作なお金の出し方をする人は、包丁を渡す時も、危なっかしく渡します。

特に、タクシーのような、お金を数える余裕のない商売では、モタモタしていたら、事故につながります。

プリペイドカードが増えて、小銭を扱う機会はどんどん少なくなりました。

その分、小銭の扱い方を覚えておくのは大切です。

小銭が財布の中にたまると、小銭で払いたい時があります。

小銭で払うことが悪いのではありません。

そのかわり「細かくなってすみません」と、受け取る人がわかりやすいように出すのです。

直感を磨くために

30 小銭のお釣りを、わかりやすく渡そう。

小銭を扱う商売をやったことがある人は、お釣《つ》りの受け渡しの際の手のひらの出し方が上手です。

渡しにくい手のひらの出し方をする人は、出し方に気合いが入っていません。

小銭の受け渡しでは「呼吸」を合わせる必要があります。

お金を渡す側が呼吸を合わせようとしていても受け取る側の意識が薄いのです。

小銭のお釣りを、渡しやすい受け取り方をする人がいたら、うれしくなります。

お札は丁寧に受け取るのに、小銭になると、途端に扱いが乱暴になる人は、お金に愛されません。

小銭を渡す時に、うまくレイアウトすることは、その人のビジュアル感覚です。

金額が間違っていなければいいというのは、計算人の感覚です。

内容が合っているのはもちろんですが、より短時間で、相手に親切にわかりやすく渡すのが、直感人の感覚なのです。

直感人は声をかける前に、間《ま》を見はからう。

人に声をかける時「間《ま》のいい人」と「間の悪い人」がいます。

直感人は、間《ま》のいい人です。

恋人同士ででも、相手を見ないで「ねえねえ」と声をかけるのは、その場の空気を読めない人です。

相手が今、返事のできないような集中してやっていることを中断させることになるからです。

それで返事をされないと、ムッとします。

声をかけることは悪いことではありません。

声をかけていい間《ま》かどうかを考える必要があるのです。

ウエイターがお客様の話し込んでいるところに割って入ったら、お客様の話の腰を折ることになります。

大事な商談をしている時や、笑い話をしてオチに差しかかる時に料理の説明をされるのは、お客様にとってはありがた迷惑です。

プロポーズのいい場面を邪魔されることもあります。

いつでも「今話しかけていいかどうか」を一瞬探ってから話しかけることです。

電卓で細かい計算をしている時に話しかけたら、今までの計算をやり直さなければならなくなります。

計算していた人の間違いを誘発することにもなります。

お寿司屋さんのカウンターに座った時も、板前さんに注文する間《ま》を上手につかみます。

ほかのお客様と話している時に割って入るのは、マナー違反です。

自分の頼んだ料理のオーダーが通っていないのは、半分はお店の人の責任です。

でも、半分は頼んだ人の間《ま》も悪いのです。

ほかのお客様が注文している途中で、「すみません」と声をかけると、今聞いているお客様のことも聞かなければならないウエイターさんは困ってしまいます。

間《ま》が悪いところで声をかけるのは、自分自身にもマイナスになります。

直感を磨くために

31 声をかける前に、空気を読もう。

「空気を読む」のが直感人です。

理屈ではなく、その場の空気をぱっとつかむことができるのです。

今、話しかけていいかどうかは、言葉には出さなくても、信号として必ず出ています。

お客様にお茶を出す時も、お茶を出す間《ま》がいい人と悪い人がいます。

入っていい時といけない時の「リズム感」を身につけることが大切なのです。

実費以外に、気持ちも含めた額のお礼をする。

ある人が、タクシーにケータイを忘れました。

忘れた人は自分のケータイに電話をしました。

タクシーの運転手さんが出て、「今新宿ですが、会社のある赤坂まで届けます」と言ってくれました。

あなたは、このタクシーの運転手さんにいくらお礼をしますか？

まず新宿から赤坂までのタクシー料金を払うという考え方があります。

タクシーの運転手さんには、届けなければならない義務はないのです。

運転手さんにも用事があります。

途中でお客様を拾う機会もあります。

持ち主の会社に寄るのが面倒くさかったら、タクシー会社へ持ち帰り、後日、落とし主に取りに来てもらう方法もあります。

でも、この運転手さんは、わざわざ届けてくれました。
この「わざわざ代（親切代）」を上乗せするのです。
また、ケータイには、手帳よりもたくさんのデータが入っています。
そのデータをあなたがいくらと評価するかにもよります。
データがなくなったら、大変です。
タクシーの運転手さんが気づかずに、後から乗った人が盗ってしまうこともあります。
その損失は、金額に換算したらかなり大きなものになります。
新宿から赤坂までは、せいぜい２０００円です。
ケータイの持ち主は、結局１万円を払いました。
そこには、実費に加えて、４つの費用が入っています。

①　わざわざ届けてくれた親切代
②　中に入っている大切なものに対するお礼
③　すぐに運んでくれたことで、時間をロスせずに済んだ金額

④ 今度忘れた時も、また届けてもらえたらうれしいなという気持ち

東京には6万台のタクシーが走っています。

同じタクシーに再び乗り合わせて、同じタクシーに忘れ物をする確率は限りなく低い。

でも「ケータイをすぐ届ければいいことがある」と、タクシーの運転手さん全体に思ってもらえるようにしたのです。

ここまで考えるのは直感人です。

計算人は、実際に動いた距離分しか考えません。

本来払わなくてもいいものを払ったのだから、これでいいと思ってしまうのです。

「払わないよりは、払ったのだからいいだろう」という考えでいると、「200円も払わなくていい」という考えになりがちです。

でも、ここにはもっと微妙なバランス感覚があります。

このバランス感覚を感じられるのが直感人です。

32 気持ちに、お金を払おう。

タクシーの運転手さんは、払わなくても「いいですよ」と言います。

でも、それは本当の「よし」にはなりません。

実はここで「気づいていない借り」が発生しているのです。

払わなければ、自分は借りているという感覚が気持ちの上に残ります。

でも、ちょっとでもお金を払うと、それだけで「片がついた」または「払ってやった」という感覚が残ってしまうのです。

見た目のわかりやすい借りだけを返して、目に見えない借りが生まれていることを意識しなければ、バランス感覚が崩れます。

車内に忘れたケータイを届けてもらった時のお礼には、親切代のほかに、データ代、時間、未来への保険、寄附などいろいろ含まれているのです。

モノの費用には「実費以外のもの」が含まれているのです。

計算人は、お客様を楽しませる。直感人は、まず自分が楽しむ。

ＴＶ画面が高画質になると、競馬中継の向こう正面の騎手がくっきり見えます。
競馬に興味のない人にはどうでもいいことです。
でも、競馬に興味のある人にとっては、死活問題です。
今までの地上波では、向こう正面は、見えませんでした。
モザイク画面のように、ぼんやりと色で把握していたのです。
今までは、競馬中継のアナウンサーでさえ、画面を見てしゃべっていません。
解説者もアナウンサーも、双眼鏡で見ながらしゃべっていたのです。
双眼鏡で見えていることを、ＴＶではモザイク画面でなんとなく見せていました。
ラジオを聴いているのと同じ状態だったのです。
手前の様子はわかります。
でも、競馬中継は、向こう正面の時間が大半を占めます。

この時間がどれだけ面白いかで、競馬中継の面白さは決まります。

競馬ファンは、自分が買った馬がどこにいるかだけを見ています。

しかも、自分が買っている馬は、たいてい先頭を走っていません。

マラソンのようなレース画面は、先頭がくっきり映るようにピントを合わせています。

これは視聴者のニーズのほとんどを切り捨てていることになります。

より高画質・高音質になると、今まで視力0・1でしか見えていなかったものが、1・5、2・0、4・0で見えて、音もクリアになるのです。

これが、視聴者のニーズでもあるのです。

高品質で双方向のデジタル衛星放送、110度CSが本格稼働して、TVがデジタル放送時代に入りました。

でも、デジタル放送をどうしたらいいか、つくっている人がわかっていません。

何を売りたいかもわかっていません。

宣伝で言わなければいけないことは決まっているのに、広告サイドからも、何を売りたいのか、すぐ出てきません。

高画質・高音質は、体験するに限ります。

体験すれば、前のレベルには戻れなくなります。

でも、今の高画質・高音質は、体験していない人には何もアピールできないのが現状です。

理屈や言葉で説明する、計算人の方法では楽しさが伝わりません。

直感人はまず、自分自身が高画質・高音質を具体的に楽しみます。

デジタルでなければ見えなかったモノには、具体的に何があるのかを出して、アピールするのです。

具体例を100個、200個出して、初めてお客様が一人入るつもりで勝負していくことです。

「思い入れ」を送り手がアピールできないと、誰も買いません。

直感を磨くために

33 まず自分が楽しもう。

一度レベルの高いものを経験すると、前の状態には戻れなくなる。

これからのＴＶは、高画質とともに、大画面の戦いになります。

「昔のＴＶ画面は小さかったよね」と言われるようになります。

友達の新築の家に行って、ホームシアターの高画質で大画面のＴＶを見た後で、家に帰ると、自分の家のＴＶが小さく感じられます。

さらに、大画面では省スペースが課題になって、プラズマや液晶が使われるようになります。

でも、大きい画面になると、放送している側のアバウトなこと、アナログなことなど、今まで気づかなかったアラが目立ち始めます。

ＴＶの前に張りついて見ているような状態になってしまうのです。

ＴＶの画面は、そばで見ると、色の合成です。

印象派の絵を見ているようなものです。

これまでのアナログ放送は、決して鮮明ではありません。

デジタルになると、鮮明さに差が出てくるのです。

ブラウン管の奥行きがなくなると、画面もフラットになり、大画面も、より実現しやすくなります。

今までのＴＶは、ブラウン管である限り、大きい画面は日本家屋には限界がありました。

これが解決されたら、今度は送り手のコンテンツ自体もデジタルにならざるをえなくなります。

さらに今、映画館の音質が飛躍的に伸びています。

大昔は、映画館の音質は、家庭よりもはるかに高かったものです。

やがてＡＶ機器が隆盛となり、コンサートや映画よりも、家庭のほうが音質がよくなりました。

音質のよさの「抜き合い」をしていたのです。

日本の映画館の音質は、アメリカの映画関係者が来た時、驚くぐらい悪いものでした。

今は逆に、映画館の音のグレードアップを図っています。

音のいい映画館がたくさん出てきました。

映画館でいい音を経験すると、今度は家庭の音質がもの足りなくなってきます。

新しいモノは、何かをベースにしながら、より高音質、より高画質が追求されていきます。

それより前のものは劣っていることになります。

レベルは、比較対照によって上がってくるものなのです。

直感を磨くために

34

レベルを上げることで、目を肥《こ》やそう。

第4章

直感人が、ビジネスを変えていく。

計算人は、うまくいかないことをケータイのせいにする。直感人は、ケータイを味方にする。

直感人は、ケータイを敵にしません。

計算人は、ケータイを敵にします。

「最近、若者たちがケータイにたくさんお金をかけるようになったから、自分たちの売上げが下がった」という見方をする人がどこの業界でも、多い。

これは「言いわけ」にすぎません。

本当は、ケータイを使って多くの情報を得たことによって、お客様の行動力が増すから、購買は上がるはずです。

ここで購買力が下がっているのは衣料と食品で、デート代は逆に増えています。

今やあらゆる層の人がケータイにお金を使っています。

ケータイにかかるお金は「行動費」です。

ケータイをよく使う人と、ケータイをほとんど使わない人を比べたら、ケータイをよく使う人のほうが、より行動的で、よりお金を使います。

衣料と食品という「生活必需品」に関しては、極力出費を抑えます。でも、パチンコのようなアミューズメント産業に関しては、ケータイをよく使っている人のほうが、よりたくさんお金を使います。

なぜならば、今日どこかでイベントをやっているから行ってみよう、やっていなければやめようという判断ができるからです。

イベントの情報を知らなければ、そのイベントには足を運びません。たまたま行ったら、そこでイベントをやっていたという形で来ている人も、たまにはいます。

どちらかといえば、イベントの情報を知ったうえで、そこへ行ってみようと思って訪れる人のほうが圧倒的に多いです。

これからは迷うことなく、パソコンのホームページをつくるよりも、ケータイのホームページをつくったほうが圧倒的に有利です。

これは日本の特性によるもので、それにはいくつか理由があります。

データを送ることに関して、日本のｉモードの性能はたいへん高い。

これはブロードバンドであれば、もっとよくなります。
これから将来に向かって、日本のデータ通信は「非パソコン」で進んでいくということです。

直感を磨くために

35

ケータイを、味方にしよう。

計算人は、月日で戦う。直感人は、時分で戦う。

直感人は、情報を見る時、「いつの情報か」を見ます。

アメリカでは、インターネットをパソコンで見ます。

インターネット・イコール・パソコンです。

日本では携帯電話で見る人が多いのです。

それは日本人の特性ではなく、日本社会の仕組みによるものです。

パソコンが普及するのが遅れたために、その分スキップして、携帯電話という次のステップへ行ったのです。

アメリカは、まだその次のステップまで見えていません。

アメリカは基本的には、民間の人たちに情報を送る仕組みとしてインターネットを開発したのではありません。

アメリカは、軍事用のＡＲＰＡネットとしてインターネットを開発しました。

国防総省の研究ネットワークだったのです。

これが2000年で完成したので、アメリカがやるべきことは終わりました。

ここからの時代は、一般の人向けに応用していく日本の仕事です。

さらに、電話の持つ特性が大きく変化したのは、これまでは音声を流していたのが、これからはデータを流す時代になります。

今や携帯電話の利用のされ方としては、音声よりも文字データのほうが圧倒的に多いです。

もはや電話が音声だけをやりとりする時代は終わりました。

もちろん、ゼロにはなりませんが、ごく一部にすぎません。

例えば、パチンコ店とお客様をつないでいく時には、ケータイによるデータのやりとりが大事になってきます。

お客様がパチンコ店へ向かっている時、途中でそのモチベーションを高めるためのきっかけを求めているはずです。

動機づけとなる情報を求めている人がいるわけですから、そこに提供してあげなければいけません。

ケータイの強みは、お客様がどこにいてもリアルタイムで情報発信ができることです。

ダイレクトメールの場合は、「いったいこれはいつ印刷されたのだろう」とお客様は誰でも考えます。

「発送されたのはたぶん昨日だろう。でも、これは印刷に時間がかかるだろう」とお客様もわかっています。

それでは、しばらく前の情報にすぎないとみなされます。

本当は、朝10時の情報、昼12時の情報、午後2時の情報、もっと言えば、1時間ごとに情報が変わっていっていいはずです。

これからはメールを使ってそういう配信の仕方をしていかなければなりません。

その情報が、「何日付」だけではダメです。

「何日何時何分の情報か」を明らかにすることです。

直感を磨くために

36 「いつの情報か」を大切にしよう。

行動につながらない情報は、情報ではない。

情報を、そのまま情報にしていたのでは、成功できません。

直感人は、情報を行動に変えます。

ケータイは若者中心の幅広い活用方法がありますが、これからは年齢層がもっと広がっていきます。

中年男性もケータイの便利さを理解できないと、積極的に利用しようとは思いません。

携帯電話でｉモードを使っている男性には行動力があります。

この行動力のない人は、遅れてしまいます。

若者たちはケータイの文化に自然に入っていけました。

これは最もお金を使わずに遊んでいる人たちです。

次は、子供たちがケータイを持ちました。

これは安全のために親が持たせたのです。

子供たちが持つと、母親が持ちます。

それは子供と母親がやりとりするためです。

それから、お年寄りがケータイを持ちました。

お年寄りには、パソコンは難しくても、ケータイなら簡単だからです。

お年寄りは、人とやりとりするコミュニケーション手段が絶対に必要です。

ケータイで孫と簡単にやりとりできます。

また、お年寄りどうしのつながりがより大事になってきますから、そうした友達とのやりとりも頻繁にできます。

残ったのはおじさんたちです。

おじさんたちは、行動力のある人は使いますが、行動力のない人は使いません。

パチンコ店に遊びに来る人は、外に遊びに出てきたという時点で少なくとも行動力があります。

行動力のない人は、パチンコ関連の雑誌などを読もうとも思いません。

直感人は情報に対して「情報行動力」がありますから、携帯電話は圧倒的によく使います。

パチンコ関連雑誌は、たまたま紙の上で見るだけであって、それは十分面白い読み物になっています。

パチンコ雑誌で読む情報と、携帯電話で読む情報とはおのずと分かれてきます。情報そのものを得るのであれば、携帯電話を使います。

例えば家から歩いて15分ぐらいのところにパチンコ店があって、お客様がその店に行こうと考えたら、その時は雑誌よりも携帯電話のほうが大切です。

パチンコ店にまったく行けない状況なら、雑誌のほうが優先します。

雑誌の情報とケータイの情報の棲《す》み分けは自然にされていきます。

今や多くの会社は全社員にiモードを渡しています。

iモードが使えなければ仕事はできません。

そうなると、おじさんたちも、最終的にはiモードを使わざるを得ない状況に追い込まれます。

iモードに慣れてきたら、仕事に使うよりは、だんだん自分が最も関心のある情報のために使うようになるのです。

直感を磨くために

37 情報を行動に変えよう。

計算人は、自分が人脈の中心になる。直感人は、周辺で人脈の橋渡し役になる。

直感人は、自分の店を持っています。

サイトを持つということは、自分の店を持つということと同じなのです。

今では勢いのある企業や魅力のある人は、たいていサイトを持っています。

今メル友の殺人事件が起きて社会問題化していますが、メールはそれほど説得力があるということです。

それだけ重要度が高くて、メディアとしての力を持っていることを意味します。

メディアとしての力を持たないようなものにつき動かされて、面識もないような人との出会いの場所には出ていかないはずです。

メールの説得力で、知らない人にも会いに行ってしまうわけです。

そこで殺人まで発生します。

メールの説得力がなければ、知らない人に殺されるような事態には至らないはずです。

知らない人に会おうと思う前に「おかしい」とか「怪しい」と考えます。

殺人事件が起こるからメールがダメなのではなく、殺人事件が起こるぐらいのなんとも言えない魅力を持ったメディアだということです。

私は、メールのやりとりから始まって、外に出ている時にケータイで、パソコンに入っているメールのチェックもしています。

これからはケータイを抜きにした経営はもったいないです。

これは一従業員であり、1つの店舗だと考えることです。

サイトは、1つの店舗です。

ウェブマスターが管理をしなくてはいけませんが、それは店長さんです。

そこへお客様が訪れて下さると考えればいいわけで、単なるチラシと思ってはいけません。

サイトを運営していくためには、結構維持費がかかります。

それは、家賃だと思って下さい。

当然そこには、ウェブマスターの人件費、オペレーターの人件費などがかかります。

お店を開いているのですから、人件費がかかるのは当たり前です。

誰かがそのお店を運営し、維持していかなければいけません。

もしそこにカウンターを置けば、何人が接触してきているか自然にわかります。

少し工夫をすれば何時から何時までは、どれくらいの人数が、どういう経路で入ってきたか、全部記録できます。

通常の店舗と最も違うところは、坪数がなくて無限大です。

そこの坪数は広さの制限がありません。

店舗をどう使おうと、使い方次第です。

また、どんなにお客様が増えても、必ずしもそれに比例して運営する人間の数を増やさなくても応対できます。

そこを訪れた人は、有形の店舗のお客様にもなっていただけるわけです。

そこにコミュニティが生まれ、お客様がたむろしてくれます。

滞在したお客様がそこへ集まって、お客様どうしの仲間ができたり、集いの場ができていくのが掲示板の形です。

直感を磨くために

38
自分のサロンで、お客様どうしを交流させよう。

パソコンにあった掲示板が、今やｉモードでもできるようになりました。
そうすると、お客様どうしのコミュニティが生まれます。
これは最も強い援軍になります。
サイトは、サロンになって、お客様どうしの交流の場を作れるのです。

計算人は、飽きる。直感人は、ハマル。

直感人は、飽きられません。

サイトのつくり手は「本当にそれが好きだ」という思い入れでつくっていることが大切です。

『キッズ』は、模型飛行機の拡大写真が見られる私の好きなサイトです。

模型は拡大写真が大切です。

これは、模型のつくり手の気持ちがよくわかっていて、そこを押さえています。

「裏返しの拡大を見たい」という時も、ちゃんとクリックできるようになっています。

アダルトビデオでも「次はこういうアップに行ってほしい」と見ている人の気持ちとピッタリ合ってうまく動いていく作品は、よくできています。

ポータルサイト『All《オール》 About《アバウト》 Japan《ジャパン》』は、トピックをクリックすると担当者の顔が出てきます。

表紙に顔が並んでいると、かわいい女性のところは、つい見てみようと思います。

『ユニバーサル・スタジオ・ジャパン』は、おしゃれであることに加え、何回見ても飽きないつくりです。

おしゃれな画面でも、何回も見せられたら飽きてしまいます。

トップページのスタートムービーは、1回見れば十分というものが多いです。

それがスキップできるようになっています。

ダメなサイトは、それを何度も見せます。

留守番電話が登場したころ、音楽のついたやたら長いアンサリングメッセージが流行りました。

あれと同じです。

今どき、長い音楽をつけている人はいません。

メッセージを入れたい人はすぐ入れられるようになっています。

そのバランス感覚が大切です。

サイトも、早く始めたところはバランス感覚にすぐれています。

ブロードバンドに振り回されているところは、つくることに精いっぱいで、見せ方がまだできていません。

インターネットで音楽を流すという方法は、メディアとして距離が近い分、工夫がありません。

ブロードバンドで、ＣＤ屋さんに行かなくてもＣＤが買えるというのは、誰にでもわかることです。

普通のものをつくったにすぎません。

ジャケットが並んでいて、試聴ができるというのは、どのサイトも同じです。

変化といえば、規模が大きくなっただけです。

質はまったく変わっていません。

どれも似たり寄ったりで、どれがどれだか、わかりません。

横並びは、顔がないのです。

横並びよりは、頑固おやじがマニアックな本ばかり集めている街の小さな本屋さんのほうに常連顧客は集まります。

テーマパークにしても、一般のお店にしても、リピーターが大切です。

1回だけ見て二度と来ない人のアクセス数が増えるよりは、いかにリピーターの数を増やせるかが問題です。

『ユニバーサル・スタジオ・ジャパン』は、トップページにメンバー加入の枠がつくってあります。

トップページで、メンバーとメンバーでない人がちゃんと分けられています。

ここに、メンバーになりたくなる仕組みがあります。

メンバーになったからといって、お金を取られるわけではありません。

みんなが持っていない情報を手に入れられます。

その意味で、リピーターの数を増やすという目的がはっきりしているのです。

直感を磨くために

39

飽きるより、ハマろう。

計算人は、ターゲットを広げる。直感人は、ターゲットを絞り込む。

直感人のサービスは、お客様を絞り込みます。
ある旅館が、混浴をつくりました。
ところが、のぞきオヤジへのクレームが出ました。
のぞきをするオヤジ対策は、壁をつくることではありません。
団体客を排除したのです。
当然、猛反対が起きました。
団体客は、ゴソッと入って、利益率も高いです。
この時代に団体客を受けなかったら、旅館の商売は成り立たないという意見でした。
こんな山奥に、はたして個人のお客様がどれだけやってくるのか不安になったのです。

でも、団体客を排除することによって、混浴のクレームはなくなりました。

お客様は増えたのです。

「団体客お断り」にしたことで、全国からお客様が来るようになったのです。

それまで、お客様は東京からしか来ませんでした。

日本全国に「団体客はイヤだな」と感じていた人たちがいたのです。

ターゲットを絞り込めば絞り込むほど、お客様は増えるというのが、マーケティングです。

ターゲットを絞り込んだら、お客様が減るという考えは、マーケティングではありません。

ターゲットを広げれば広げるほど、お客様が減るのです。

これは日常生活で、誰もが経験することです。

パーティーで、大勢呼ぼうとしても、そんなに集まりません。

さんざん断って、少人数だけでやろうとすると、大勢来てしまうというのが、パーティーの原則です。

ＴＶの見方には、２とおりがあります。

① **見たいものだけを見る**
② **ながらでダラダラ見る**

TVが多チャンネルになっても、「ながら」で見ることはなくなりません。

有線放送で人気があるのは、音楽のリクエストチャンネルと、今のヒットチャンネルです。

この二つは必ず残ります。

今のヒットチャンネルを聴いているのは、ベストテンの曲が聴きたいからではありません。

「こういうのが流行っているんだ」と、「ながら」で聞いているのです。

地上波も、「ながら」で見ています。

CSでは、見たい番組を見ます。

視聴者数と熱意は、反比例します。

熱意のあるお客様は、そんなに多いわけがないのです。

でも、数は少なくても、熱意を持って一生懸命見る人は必ずいます。

これからのＴＶの見方は、①と②のどちらか一方ではなく、その組み合わせの形になります。

デジタルだからこそ、ジャンルもターゲットもピンポイントにしていく必要があるのです。

直感を磨くために

40

ターゲットを絞り込むことで、お客様を増やそう。

計算人は、流行を追う。直感人は、マニアになる。

直感人は「これ」と思ったものをマニアックに追求します。

計算人は、世間の流行を追いかけます。

今、マニアどうしのネットワークがどんどん広がっています。

マニアとマニアの間で流れているものがあるのです。

これからは、送り手がマニアでなければ、どんなメディアを使っても、ネットワークに入っていけません。

マニアどうしは、お互いが自分と同好の士であることが、言わなくてもわかります。

ホモの人には、ホモの人がわかります。

熱意が伝わるのです。

「マニア」とは、熱意を持った人です。

いわば、そのジャンルについては選《よ》り抜きの直感人です。

本当にそのコンテンツが好きで、本気でつくっているかどうかも、すぐわかります。

「こういうものをつくれば、きっと見る人はいるよ」「私は知らないけど、こういうものが流行っているからね」という人の言葉など、誰も見向きもしません。

流行っているものの後追いではいけません。

大切なのは「本気かどうか」ということなのです。

ノーベル賞を受賞した「カミオカンデ」による研究は、誰も知りませんでした。

カミオカンデは、岐阜・神岡鉱山の巨大な観測装置です。

でも、小柴昌俊さんというすごい人がいることに、世界はちゃんと目をつけます。

これまで、技術者は世間からとんでもなくズレた人と考えられていました。

「マッド・サイエンティスト」の扱いを受けていたのです。

でも、マッド・サイエンティストに、あの２００億円の実験装置はつくれません。

並の商社のプランナーより、よほど猛烈なお金を引っぱってくる力を持っているのです。

ノーベル賞の島津製作所の田中耕一さんの研究は、「儲かるからやっている研究」ではありません。

本気で研究をやっているうちにできた「スピンオフ商品」だったのです。

今の時代、こういうものがちゃんと評価されるようになっています。

もちろん、流行るものをやっていけばいいという人たちもたくさんいます。

でも、決してそれだけではないのです。

41

マニアに、なろう。

計算人は、受け手を教える。
直感人は、受け手から学ぶ。

直感人は、送り手と受け手の間を、行き来します。

馬券を買わない人のつくる競馬中継は、誰も見ません。

競馬中継のアナウンサーは、自分で馬券を買っています。

馬券を買わないと、レースの展開予想がまったく頭に浮かばないからです。

馬券を買うから、買って必死で見ている人の気持ちがわかるのです。

馬券を買っていると、ゲートを出て、スタート直後から出遅れている馬まで、全部紹介したくなります。

一番出遅れている馬が、自分の買っている馬の可能性もあるのです。

今までは、馬券を買わない人の競馬中継でした。

これからは、送り手と受け手の境目がなくなります。

送り手がカット割をすれば、コンテンツももっとよくなります。

受け手は、送り手がどれだけ愛情を持っているか、すぐに察知します。

ボウリング番組を、ボウリングが好きなフリをして番組をつくっていると、バレてしまいます。

これでは、最もねらっているターゲットを失います。

そもそもターゲットでない人たちは見ません。

ターゲットを失うことほど厳しいことはありません。

成熟社会では、受け手のレベルが高くなります。

送り手が、受け手よりもレベルが勝《まさ》っているのは、まだ発展途上段階です。

これからは、好きか嫌いかがはっきりします。

それほど好きでなくても通ってしまったような企画は、すぐに見破られます。

「ながら」の見方を前提にしたものはもちろん、派手さを演出しようとして、カットを細かく割ればいいというものでもありません。

ボウリング番組で、ボールを投げた後、ピンのアップに絵を切りかえるのは、ボウリングをしない人の見方です。

ボウリングをやる人なら、切ってはいけない映像です。

直感を磨くために

42

受け手から、学ぼう。

ボウリングを見る人は、ファウルラインより手前に立っています。
どう切れて、どう入っていったか、自分の気持ちで寄っていきます。
カットが切りかわっては、手前でどう動いたかが全然わかりません。
ゴルフ番組も、パターのショットが切りかわります。
映像だけをやっている、ゴルフを知らない人間が撮っているからです。
パターをカット割して、リプレイするだけになっているのです。
パットのショットを切りかえカップの縁に寄った絵など誰も見たくありません。
見ている人は、自分が打ったつもりになっているのです。
打った目線で撮らなければ、面白くありません。
リプレイするのなら、違うアングルを見られるようなつくりにすることです。
同時に、最初に流す絵で、どれぐらいの思い入れがあるかがわかります。

計算人は、予算アップを求める。直感人は、自由裁量を求める。

ゴールデンタイムは、TV局と広告代理店が便宜上つくったものです。

ゴールデンタイムは、成熟社会には、もはや存在しません。

見る人にとってのゴールデンタイムしか存在しないのです。

今、地上波でも、夜の11時台にドラマをやって、そこそこ視聴率をとるようになりました。

そもそも関西では、11時台がバラエティーのゴールデンタイムでした。

7時から10時がゴールデンタイム、10時から11時がプライムタイムというのは、大昔の発想です。

放送がオンデマンドになったら、1週間分の番組ぐらい全局まとめて録画できるようになります。

編成権がお客様に移るのです。

ゴールデンタイムがなくなるということは、予算がなくなるということです。

これから面白いのは、予算をかけた番組と、予算をかけない番組だけです。

中途半端に予算がある番組は面白くありません。

考えがないからです。

予算がとことんなくなると、気にすることが何もなくなります。

レーティング（評価）のプレッシャーもありません。

大勢の人に見てもらわなくてもいい代わりに、好きな人だけに一生懸命見てもらうために、何がいいかを一生懸命考えるようになります。

実験もできます。

それが面白さになります。

予算がないから面白いものができないというのでは、クリエイターの風上にも置けません。

予算をいくらかけても、面白くないものは面白くありません。

予算がなくても、面白いものはできます。

お客様の反応を面白いか面白くないか分けるのは、つくり手がこの番組をどのくらい好きかにかかっています。

私は、自分の番組を面白がってつくっていました。

今のTV番組づくりでは多くの人が「デジタル」という言葉に惑わされています。

でも、デジタル時代になって、どんなに高画質・高音質になっても、一番大切なのは、本当に好きで楽しんでやっているかどうかです。

新しいテクノロジーが出てくると、どうしてもそのテクノロジーに躍《おど》らされてしまいます。

それではスポンサーはつきません。

お客様も、のってくれません。

直感を磨くために

43 予算アップより、自由裁量を求めよう。

玉石混交《ぎょくせきこんこう》にすることで、面白くなる。

映画はもともとサイレントでした。

それがトーキーになりました。

音楽を入れて驚かれた映画は、トーキーの最初の作品だけです。

その後は、内容的にしっかりしたものだけがウケたのです。

すべてが流行るのは、決して健全な形ではありません。

ヤル気のない、面白くないものが山のようにある中で、面白いものが砂金《さきん》のようにチョコッと見つかるのです。

今のお客様は、砂金を見つける力を持っています。

地上波が終わったという議論も、間違いです。

地上波の中でも、面白いものはたくさんあります。

地上波でしかやれないもの、衛星放送でしかやれないものは何かがわかってきたのです。

これからのデジタル放送でしかやれないこともあります。

玉石混交であることが、最も健全な形なのです。

こんな番組は誰も見ないだろうという番組が、実は求められているのです。

ＴＶショッピングでは、こんなモノを買う人はいないだろうというモノにも問い合わせがきます。

今のマーケットは変わってきているのです。

これまでＴＶ局は、視聴率しか、今のマーケティングの素材を持っていませんでした。

でも、視聴率というデータほどあやふやで大ざっぱなものはありません。

アバウトなことをやっていては、マーケティングは続かないのです。

Ｆ１層（20～34歳の女性）、Ｆ２層（35～49歳の女性）と言っている中にも、無限の人々が存在します。

同時に、同じ人の中にも、無限のシチュエーションが存在します。

それに個別に対応していかないと、お客様は評価してくれません。

デジタル放送になると、４色の入力ボタンで双方向になります。

これでクイズの答えをさせましょう、ドラマの結末を４とおり見せましょうと言っているのは、双方向の使い方のごく初期の楽しみ方です。

留守番電話ができた時、誰もが喜んで応答メッセージに音楽を入れました。

今、それをやっている人はいません。

飽きてしまったのです。

そもそもそれは、正しい形ではなかったのです。

誰も音楽を入れなくなった時に、ハードやテクノロジーが生活に密着してきたことになるのです。

直感を磨くために

44

玉石混交を、楽しもう。

計算人は、大きくなる市場で負ける。直感人は、小さくなる市場で勝つ。

送り手が何も感じていないものは、ひととおり失敗します。

ひととおり失敗して、送り手はマーケティングに初めて気がつくのです。

TVの世界は、マーケティングを何も考えなくても、過去の財産でやってこれました。

今までのTVは、生まれてこのかたの財産を食いつぶしていたのです。

今、初めてTVが、マーケティングにさらされる時代になっています。

デジタル放送になって何が変わるのか、デジタル放送協会の人どころか、BS・CSの人でさえ、よくわかっていません。

「地上波もデジタル放送になります」と言いながら「地上波のデジタル放送と、BS・CSのデジタル放送の違いは何?」と聞かれても、予算が100分の1、1000分の1ということしか言えないのです。

最初の放送用衛星が打ち上げられて300チャンネルになり、そのうち500チャンネル、1000チャンネルになります。

その結果、銀行が増えたのと同じ状態が起きます。

1000チャンネルになっても同じことをやっていたら、お客様は来ません。

世の中から一周遅れになります。

銀行は今、減らしている状況です。

今TV局は、増やす方向にあります。

しかも、同じモノを増やしているのです。

これでは銀行の二の舞です。

このことに送り手は早く気づくことです。

雑誌はあっという間に倒れました。

生き残ったのは『サライ』です。

『サライ』は、猛烈に絞り込んだマーケティングをしたのです。

サービスは、お客様がどこに魅力を感じるかを探っていくことです。

サービスのどこに魅力を感じ、必要なモノは何か、要らないモノは何かをお客様自身が選んで、削り取っていくのです。

ハードはどんどん小さくなるし、値段も安くなります。

値段が高いうちは、お客様は買いません。

量販店で1円で売っていた携帯電話と同じになります。

ハードで儲ける時代ではないのです。

携帯電話は、正規の料金で買っても、原価よりも安いのです。

その後の回線使用料で、ちゃんとペイするからです。

ドコモは、ハードメーカーに対して、次機種、6カ月後発売の携帯電話に関する細かい縛りはつけません。

「最低、これとこれを入れてください」という細かい条件をつけるだけで、あとは各社自由です。

出てくるものは、各社微妙に違います。

当たった機能を、さらに次の携帯に入れていくのです。

携帯電話は、少年マンガ誌がかつてやったマーケティングとまったく同じ手法をとっています。

直感を磨くために

45 小さくなる市場で、勝とう。

4社が競合しながら、よかったものを残します。フル装備になっても、また絞り込みをして、みんなの考えた「いいモノ」だけを残していきます。

人気ランキングのようなことをしながら、どんどん開発していったのです。

TVも、携帯電話と同じレベルになる必要があります。

携帯電話の場合、ドコモのように、何も考えていないことが正しいのです。

送り手がどんな携帯になっているかというイメージを持ったら、受け手に置いてきぼりになるのです。

計算人は、説明しすぎる。直感人は、説明と想像を混ぜて伝える。

ハードは、お客様のアイデアを求めていく形にしていきます。
今まで、機械に注文があるのは、オタクだけでした。
これからは、すべてのお客様がオタク化します。
よく知っていることが、情報化社会です。
ハードには、要るモノ、要らないモノがあります。
次の機種にどんな新しい機能が入るかという情報はすぐ伝わります。
お客様をだますようなサービスは、もはやできないのです。
機能でだませなくなったら、お客様から教えてもらうことです。
これが、直感人のサービスです。
私が今、欲しい機能は、ＴＶの文字情報です。
競馬中継でも、今の状況を文字情報で見たくなることがあるのです。

今はまだ、スコアやテロップは送り手の意識で出ています。

テロップの持つ力の強さに、地上波は気づき始めました。

テロップは、うるさいという人には不要なものです。

でも、文字情報を選択できるようになれば、ＴＶと本の境目があやふやになります。

歌番組で、視聴率をとるなら歌詞をテロップで流すことです。

以前は、歌は聴くものでした。

カラオケができてからは、歌は読むものになりました。

これまでサザンの歌は、英語と同じで、耳で聞いたリズム感を楽しんでいたのです。

歌詞を見て初めて、こういう詞だったということがわかりました。

井上陽水さんの詞は面白いことがわかりました。

さだまさしさんの『北の国から』でさえ、「ララーラララララー」を入れないとつまらないです。

歌番組は情報だらけです。

作詞は誰、作曲は誰、編曲は誰と書いてあります。

ナツメロなら、何年の歌かも明記されて出ています。

地上波は今、デジタル放送的な編集をしています。

番組の中の会話で「○○さん」と名前が出たら、すぐ顔と名前が画面に出ます。

今までは、わざわざその人の写真や名前を出すことはしませんでした。

今は、誰でも知っているのに、わざわざ出すのです。

『踊る！さんま御殿!!』では、その場に登場しないタモリさんの話が出れば、タモリさんの写真が出ます。

タモリさんを知らない人はいません。

でも「絵」を出すところがデジタル的になっているのです。

「リンク感」ができているのです。

あらゆるメッセージは、想像と説明の2とおりで成り立っています。

説明過剰で想像させないと、イメージが膨《ふく》らみません。

想像だけで、説明がなくてはわかりません。

説明があると、もっと楽しめます。

直感を磨くために

46 メッセージを想像と説明の2とおりで伝えよう。

データベースが大きくなれば、文字情報は、何でもできます。

英語の勉強をしようと思っている人は、洋画を見に行って、ヒアリングだけの勉強をしていました。

DVDなら、英語字幕が出ます。

英語の字幕を出せるほど面白い見方はありません。

DVDを買って、英語の映画を英語字幕で見て、英語の勉強に使う人がいます。

同じ文字情報でも、どういう情報に、どういう使い方があるかを考えるようになるのです。

買うことは、すべてギャンブルだ。

製品を買うことは、送り手に参画することになります。

もう少し待てば、もっと安くなって、もっとよくなると言う人は、受け手どまりです。

楽しむためには、つくり手にまわるのです。

モノを買うということは、たとえて言うなら、株主になるようなものです。

買ったモノに対して「ここはこうしたらいいのに」と、使いこなしながら、感じるままを要望に出していきます。

新商品は、それらの結集です。

「いつが買い時」ということはないのです。

テクノロジーが緩やかに進んでいた時代は、買い時がありました。

送り手と受け手もくっきり分かれていた時代です。

これからは、新製品を買った人は、「こうしたらいいのに」というプロジェクトチームに加わるのです。

昔は、「あの政治家はダメだ」と悪口を言うだけでした。

今は、ダメだと思ったら、いいと思う人に投票して参画していく時代です。

いつが買い時かと見ている人は、「誰が政治家になっても同じだから、選挙には行かない」という人たちです。

自民党が長年つくってきた民主主義から、自分たちが勝手にやれる仕組みになったのです。

文句を言う人は、自らリスクをとります。

買っても必ずしも面白いとは限りません。

買うという行為は、自らの投資でありギャンブルなのです。

馬券を買わないで見る競馬より、馬券を買って見る競馬のほうが面白いです。

すべての新商品も、「どうなの？　いつ買えばいいの？」と言う人より、実際に買って「いやあ、まだまだだね」と言っている人のほうが楽しんでいます。

買い時をねらっている人は、一生買いません。

子供を撮るために、いつかビデオカメラを買おうと思っている人は、気がつくと子供が大きくなっていて、撮るチャンスを失います。

直感を磨くために

47

お客様を、企画に参加させよう。

計算人は、タダにする。直感人は、有料にする。

視聴料の安い番組は誰も見ません。

一つの番組の視聴料が高くなれば、ハードは限りなくタダに近くなります。

番組の1本当たりの視聴料単価が上がっても、それだけのお金を出してでも見たい人は来ます。相応のお金を出しても見たい人、お金を払い続ける人のいる番組しか、生き残れないのです。

安かったら見てくれるということは、ありえません。

制作費が高いか安いかではなく、お客様が見たいと感じるかどうかです。

これは需要と供給の関係です。

値段を下げれば見てくれるというものでもありません。

「そんな番組にお金を払う人がいるかな」と言う人は、視聴料が安ければ見てくれるに違いないと思っています。

これからは「高くても、いかに見られるか」という発想に変えていくのです。

直感を磨くために

48 お金を出してでもほしい商品を、つくろう。

高い番組ほど、お客様は「これ、安いよね」という反応を示します。
視聴料を高くするには、送り手にもそれだけの覚悟があります。
そういう番組が一つでもあれば、お客様は買います。
私なら、ボウリングの番組が一つあれば、そのチャンネルを買います。
ボウリング番組のクオリティに関しての注文もたくさんあります。
週刊漫画も、一つでも読みたい連載があれば、買います。
ほかは読まないからもったいない、とは考えません。
全部読んでいる時間のほうがもったいないです。
多彩、多様化という言葉にだまされてはいけません。
ピンポイントでないものの多彩さほど、意味のないものはないのです。
究極のところ一人のお客様、視聴者しかいない番組ができればいいのです。
その番組さえあれば、その人は一日中、死ぬまでその番組を見ます。

「心の領域」に入る直感人が、勝ち残る。

テクノロジーは、今や3カ月で追いつかれます。

テクノロジーの差別化はできません。

これからは、戦いに入っていかないことをやっていく時代です。

世の中が緩やかに進んでいた時代は、よそより早く出すことでテクノロジーがもっていました。

でも今は、もつ時間が短すぎます。

テクノロジーの参入障壁があまりにも低すぎるのです。

画期的なテクノロジーほど、普及して、スタンダードになります。

いいものであればあるほどスタンダードになって、差別化のポイントがなくなるのです。

これは、一見、矛盾しています。

でも、何を言えばお客様が「よし、買おう」と思ってくれるかの戦いになっているのです。

1日目に驚いても、2日目には当たり前の時代です。

当たり前になってしまったものは、差別化にはなりません。

もちろん、それはなければならないものです。

でも、あれば勝てるものではありません。

当たり前になるまでの時間がどれだけ稼げるかを頭の中で、できるだけ早く考えることです。

研究開発の時間が長ければ長いほど、長くもつような錯覚に陥ります。

こんなに苦労してつくってきたのにと思うのです。

でも、いいモノは、一般にすぐ広がります。

「うちはラーメン大盛りで勝負します」と言うところには、誰も投資しません。

大盛りは、誰でもマネができてしまうからです。

「24時間でやります」と言っても、24時間営業店は後からいくらでも出てきます。

テクノロジーではなく、人間の心の問題として「競馬の向こう正面」が見えるということに気づいた人が勝ちです。

機械をつくっている人は、競馬ファンではありません。

競馬ファンでなければならない必然性もありません。

でも、見る人は機械ファンではありません。

車を買う人でさえ、機械ファンではないのです。

自動車メーカーは、すぐれたところをよく説明してくれます。

車を買う人が、みんな機械が好きだったら、商売にはなりません。

たかが機械と見なす部分をどこかに残しておくのです。

ドコモは、ハード自慢をしません。

それよりは、世の人の気持ちがどういう方向に動いているかを見ています。

ＴＶ局もメーカーも、すべて「心の領域」に入らないと、市場で戦っていけないのです。

直感を磨くために

49

テクノロジーよりも、人間の心の領域で、勝負しよう。

あとがき

計算人は、あらゆることに、結果を求める。直感人は、あらゆることに、意味を感じる。

結果を求めると、人生は苦しくなります。
でも、そこに意味が見つかると、人生は楽しくなります。
失敗でも、意味が感じられれば、ハッピーになれるのです。
計算がよくないのではないのです。
計算は、あくまで手段であることを、忘れてはいけないのです。
「計算力がなくてもいい」というのではありません。
「計算がすべて」というデジタルな発想におちいると、ハッピーでなくなるということなのです。

デジタル社会になればなるほど、デジタルを目的にすると、辛くなります。

デジタルを手段にして、アナログ発想をする人が、ハッピーになるのです。

あらゆることに、意味はあります。

意味のないものは、存在しません。

「あらゆることに意味がある」と信じることができれば、必ず意味を感じることができるようになるのです。

本を読む時でも、計算するように読む人がいます。

「考えながら読む」というのは、「計算しながら読んでいる」ということなのです。

一方で、意味を感じながら読む人もいます。

意味は、計算からは感じることはできません。

「信じること」から、意味は「感じられる」のです。

直感を磨くために

50 信じることで、意味を感じよう。

著者紹介

中谷　彰宏（なかたに・あきひろ）

1959年4月14日、大阪府堺市生まれ。早稲田大学第一文学部演劇科卒。博報堂で8年間CMプランナーの後、株式会社中谷彰宏事務所設立。

著書に『なぜあの人はカリスマがあるのか』『大人のスピード仕事術』『お客様がお客様を連れて来る』『一日に24時間もあるじゃないか』『なぜあの人は楽しみながら儲かるのか』『南青山の天使—こころのサプリ』ほか多数。

感想など、みなさまからのお手紙をお待ちしています。**一生懸命読みます。（中谷彰宏）**

〒105-0003　東京都港区西新橋2-7-4　SKビル7F
全日出版株式会社　編集部　中谷彰宏 行
※食品、現金、切手などの同封は、ご遠慮ください（編集部）

EYE LOVE EYE

視覚障害その他の理由で活字のままでこの本を利用できない人のために、営利を目的とする場合を除き「録音図書」「点字図書」「拡大写本」等の製作をすることを認めます。その際は著作権者、または、出版社までご連絡ください。

ぜんにち

ますます差がつく **直感人vs.計算人**　〈検印廃止〉

2003年10月10日　第1刷発行　ISBN4-921044-51-1

著　者———中谷彰宏
発行者———中園重信
発行所———全日出版株式会社

東京都港区西新橋2－7－4　SKビル7F 〒105-0003
TEL　03（3509）6654（編集部）
TEL　03（3509）6653（営業部）
FAX　03（3509）6672（編集部・営業部）
http://www.zennichi.co.jp/
郵便振替口座／00130-9-15842

印刷所———中央精版印刷株式会社

乱丁本・落丁本は小社にてお取り替えいたします。
定価はカバーに表示してあります。
© Akihiro Nakatani 2003 Printed in JAPAN

中谷彰宏の主な作品一覧

ビジネス

【ダイヤモンド社】
『なぜあの人は落ち込まないのか』
『20代で差がつく50の勉強法』
『なぜあの人は仕事が速いのか』
『スピード問題解決』
『スピード危機管理』
『スピード決断術』
『スピード情報術』
『スピード顧客満足』
『一流の勉強術』
『スピード意識改革』
『アメリカ人にはできない技術　日本人だからできる技術』
『携帯で声の大きくなる男デート中にメールを打つ女』
『お客様のファンになろう』
『成功するためにしなければならない80のこと』
『大人のスピード時間術』
『成功の方程式』
『なぜあの人は問題解決がうまいのか』
『しびれる仕事をしよう』
『大人のスピード思考法』
『「アホ」になれる人が成功する』
『しびれるブランドを作ろう』
『しびれるサービス』
『ネットで勝つ』
『大人のスピード説得術』
『お客様に学ぶサービス勉強法』
『ｅに賭ける』
『大人のスピード仕事術』
『大人のスピード読書法』
『スピード人脈術』
『スピードサービス』
『スピード成功の方程式』
『スピードリーダーシップ』
『大人のスピード勉強法』
『今やるか一生やらないか』
『人を喜ばせるために生まれてきた』
『一日に24時間もあるじゃないか』
『もう「できません」とは言わない』
『出会いにひとつのムダもない』
『お客様が私の先生です』
『今からお会いしましょう』
『お客様がお客様を連れて来る』
『お客様にしなければならない50のこと』
『管理職がしなければならない50のこと』
『30代でしなければならない50のこと』
『20代でしなければならない50のこと』
『独立するためにしなければならない50のこと』
『なぜあの人の話に納得してしまうのか』
『なぜあの人は気がきくのか』
『なぜあの人は困った人とつきあえるのか』
『なぜあの人はお客さんに好かれるのか』
『なぜあの人はいつも元気なのか』
『なぜあの人は時間を創り出せるのか』
『なぜあの人は運が強いのか』
『なぜあの人にまた会いたくなるのか』
『なぜあの人はプレッシャーに強いのか』
『成功する大人の頭の使い方』
『成功する人の話し方』
『なぜあの人はお金持ちになるのか』
ビデオ『理解する人が、理解される』
ビデオ『人を動かすのではなく自分が動こう』
ビデオ『出会いに一つのムダもない』

【廣済堂文庫】
『諦めない人が成功する』
『マニュアルにないサービスが成功する』
『節目に強い人が成功する』

【PHP文庫】
『うまくいくスピード営業術』
『お客様から、教わろう。クレームはラブレターだ。』
『なぜあの人はプレッシャーに強いのか』
『あなたが動けば人は動く』
『超管理職』
『仕事運が強くなる50の小さな習慣』
『サービスを、極めよう。』
『なぜあの人にまた会いたくなるのか』
『時間に強い人が成功する』
『成功する大人の頭の使い方』
『1日3回成功のチャンスに出会っている』
『入社３年目までに勝負がつく77の法則』
『一回のお客様を信者にする』
『こんな上司と働きたい』
『映画を観ながら成功する方法』

【サンマーク文庫】
『時間塾』
『企画塾』
『情報塾』
『交渉塾』
『人脈塾』
『成功塾』
『自分塾』

【成美文庫】
『キッカケがわかる心理テスト』
『才能を見つける心理テスト』
『億万長者はガレージから生まれる』
『複業で成功する58の方法』
『その他大勢から抜け出せ』

【PHP研究所】
『人を動かせる人の50の小さな習慣』
『入社３年目までに勝負がつく77の法則』
『大人の友達を作ろう』
『超管理職』
『あなたが動けば、人は動く』
ビデオ『自分で考える人が成功する』

【飛鳥新社】
『プロデューサーは次を作る』

【実業之日本社】
『人を動かすコトバ』

【全日出版】
『なぜあの人はカリスマがあるのか』

【小学館】
『デジタルマナーの達人』

【三笠書房】
『喜びは与えれば与えるほど与えられる』
マンガ『あなたのお客さんになりたい』
『お金で苦労する人しない人』
『あなたのお客さんになりたい！』
『あなたのお客さんになりたい！２』
『あなたのお客さんが戻ってくる！』
『あなたのサービスが忘れられない！』
『あなたの部下になりたい！』

【オータパブリケイションズ】
『レストラン王になろう２』
『改革王になろう』
『私をホテルに連れてって』
『サービス王になろう２』
『サービス刑事』
『レストラン王になろう』
『ホテル王になろう２』
『ホテル王になろう』

【三笠書房・知的生きかた文庫】
『あなたのお客さんになりたい』
『あなたの部下になりたい』

【ビジネス社】
『大金持ちになれる人 小金持ちで終わる人』

【たちばな出版】
マンガ『ここまでは誰でもやる』

【幻冬舎】
『自分リストラ術　やりたいこと再発見』

面接の達人シリーズ

『面接の達人　バイブル版』
『面接の達人　自己分析・エントリーシート編』
『面接の達人　電話のかけ方　手紙の書き方』
『面接の達人　女子学生版』
『面接の達人　問題集男子編』
『面接の達人　問題集女子編』
『ビデオ面接の達人』
『ビデオ面接の達人塾』
『面接の達人　転職版』
『面接の達人　転職問題集／自己分析・経歴書編』

小説

【読売新聞社】
『恋愛小説』
『恋愛日記』
『恋愛旅行』
『恋愛美人』
『恋愛運命』
『恋愛不倫』

【青春出版】
『いい女だからワルを愛する』

恋愛論・人生論

【ダイヤモンド社】
『30代で差がつく50の勉強法』
『面白くなければカッコよくない』(いのうえひでのり対談)
『たった一言で生まれ変わる』(中谷レター)
『なぜあの人は集中力があるのか』
『なぜあの人は人の心が読めるのか』
『健康になる家　病気になる家』
『泥棒がねらう家　泥棒が避ける家』
『スピード自己実現』
『スピード開運術』
『100歳まで元気に生きるために今できる43の方法』
『破壊から始めよう』
『失敗を楽しもう』
『免疫力を高める84の方法』
『20代自分らしく生きる45の方法』
『ケンカに勝つ60の方法』
『受験の達人』
『受験王になろう』
『お金は使えば使うほど増える』
『自分のためにもっとお金を使おう』
『ピンチを楽しもう』
『本当の自分に出会える101の言葉』
『大人になる前にしなければならない50のこと』
『自分で思うほどダメじゃない』
『人を許すことで人は許される』
『人は短所で愛される』
『会社で教えてくれない50のこと』
『学校で教えてくれない50のこと』
『あなたは人生に愛されている』
『あなたの出会いはすべて正しい』
『頑張りすぎないほうが成功する』
『大学時代しなければならない50のこと』
『大学時代出会わなければならない50人』
『口説く言葉は5文字まで』
『昨日までの自分に別れを告げる』
『1日3回成功のチャンスに出会っている』
『人生は成功するようにできている』
『あなたに起こることはすべて正しい』
『不器用な人ほど成功する』

【PHP研究所】
『大人の友達と遊ぼう。』
『人生は、オーディションの連続だ。』
『犬を飼うと、恋人ができる。』
『都会に住んで、元気になろう。』
『泣きながら、笑おう。』
『大人の「ライフスタイル美人」になろう』
『なぜ、あの人は「存在感」があるのか』
『何もいいことがなかった日に読む本』
『「大人の女」のマナー』

【説話社】
『あなたにはツキがある』
『占いで運命を変えることができる』

【メディアワークス】
『自信がよみがえる58の方法』
『おもしろおかしく』
『人生の錬金術』
『王様の勉強法』
『人生の答え』

【大和書房】
『男は女で修行する。』
『二人で「いけないこと」をしよう。』
『口説かれる自信を、持とう。』
『危ない男と、つきあおう。』
『尊敬できる男と、しよう。』
『死ぬまでにしなければならない101のH』
『「女を楽しませる」ことが男の最高の仕事。』

【KKベストセラーズ】
『君を、つらぬこう。』
『一流の遊び人が成功する』

【中経出版】
『和田一夫さんに「元気な人生」を教えてもらう』

【サンクチュアリ出版】
『壁に当たるのは気モチイイ　人生もエッチも』

【KKロングセラーズ】
『キスに始まり、キスに終わる。』

【総合法令出版】
『キャバクラ嬢の「私が口説かれた言葉」』
『カッコイイ女の条件』
『生き方のモデルになろう』
『恋愛女王』

【幻冬舎】
『本当の生きる力をつける本』(小出義雄監督対談)
『あなたが変わる自分アピール術』

【オータパブリケイションズ】
『大人のホテル』

【廣済堂文庫】
『成功する人しない人』

【メディアファクトリー】
『女々しい男で　いいじゃないか』(ロバート・ハリス対談)

【東洋経済新報社】
『なぜあの人は強いのか』(桜井章一対談)

【DHC】
書画集『会う人みんな神さま』
ポストカード『会う人みんな神さま』

【PHP文庫】
『好きな映画が君と同じだった』
『人は短所で愛される』
『なぜあの人は運が強いのか』
『大人の友達を作ろう。』
『人間に強い人が成功する』
『スピード人間が成功する』
『なぜ彼女にオーラを感じるのか』
『僕は君のここが好き』
『忘れられない君のひと言』
『朝に生まれ変わる50の方法』
『知的な女性は、スタイルがいい』
『君のしぐさに恋をした』
『強運になれる50の小さな習慣』
『人生は成功するように出来ている』
『大学時代出会わなければならない50人』
『金運が強くなる50の小さな習慣』
『出会い運が開ける50の小さな習慣』
『結婚前にしておく50のこと』
『人生をムダにしない50の小さな習慣』
『「大人の女」のマナー』
『生き直すための50の小さな習慣』
『本当の君に会いたい』
『君の手紙に恋をした』
『運命を変える50の小さな習慣』
『不器用な人ほど成功する』
『大学時代しなければならない50のこと』
『自分で考える人が成功する』
『頑張りすぎないほうが成功する』
『週末に生まれ変わる50の方法』
『昨日までの自分に別れを告げる』
『あなたに起こることはすべて正しい』
『気がきく人になる心理テスト』
『次の恋はもう始まっている』
『大人の恋の達人』
『運を味方にする達人』
『忘れられない君のプレゼント』

【PHPエル新書】
『3分でダンスが踊れた。』

【三笠書房】
『こんな女性と恋をしたい』
『29歳からの「一人時間」の楽しみかた』
『25歳からの「いい女」の時間割』
『だから君といるとハッピーになる』
『僕が君に魅かれる理由』
『運命の人(ソウルメイト)と結婚するために』
『セックスの話をしよう』
『心の中に火をつける50のヒント』
『人生を愉しむ50のヒント』
『前向きになれる50のヒント』
『魔法の時間を作る50のヒント』
『昨日のノーは、今日のイエス』
『知性で運を開く』
『想いは、かなう』
『3分で右脳が目覚めた。』

【三笠・王様文庫】
『「恋愛運」を味方にする本』
『なりたい私になる』
『想いは、かなう』
『涙をこらえている君に』

【三笠書房・知的生きかた文庫】
『人間関係に強くなる50のヒント』
『背中を押してくれる50のヒント』
『お金で苦労する人しない人』
『気持ちが楽になる50のヒント』
『前向きになれる50のヒント』
『自分の魅力に気づく50のヒント』
『みっともない恋をしよう』

【PARCO出版】
『「同い年」には共通点がある』
『ほめ芸王』
『話芸王』
『自分がブランドになる』

【TBSブリタニカ】
『子供を自立させる55の方法』
『子供は、ガンコな親を求めている』
『親を教育する62の方法』
『道楽のススメ』
『顰蹙のススメ』
『煩悩のススメ』

【海竜社】
『挨拶の数だけ、幸せになれる。』

【徳間書店】
『ここ一番にリラックスする50の方法』

【KKベストセラーズ】
『眠れない夜の数だけ君はキレイになる』

【経済界】
『抱擁力』(高塚猛対談)

【イースト・プレス】
『気がついたら、してた』

【全日出版】
『南青山の天使』

好評発売中

和田秀樹

つかれる時代の元気がでる経済学

「1ランク上」の経済入門書！

図とイラストでわかる心理経済学

和田式マニフェスト付き！
★「ちょっと高いモノ」を中流階級に売り込め
★現代人は「合理的」に動きません！
★心配性な日本人に能力給は逆効果…… etc.

定価【本体１４００円＋税】

◆ぜんにち◆

好評発売中

中谷彰宏

なぜあの人はカリスマがあるのか

―人を魅きつける57の方法―

オーラを身にまとうために

★失敗の新記録を出そう。
★最初に、負けよう。
★生き方のDNAをつくろう。
★「ムチャ」をしよう。

定価【本体1300円+税】

◆ぜんにち◆